꽃은 져도
향기를 남긴다

비우고 돌보고 내려놓는 마음 다스림

꽃은 져도 향기를 남긴다

향지 김윤탁 지음

미르북
컴퍼니

추천의 글

향지샘의 향기 선물

어느 날, 김윤탁 박사가 내게 "호가 있으면 좋겠어요."라고 혼잣말처럼 말했다. 무슨 호가 좋을까…, 생각하던 나는 "향지"라는 말이 떠올랐다.

"향기 香, 땅 地."

거기에 옹달샘을 연상시키고 '선생님'을 줄여서 부르는 의미이기도 한 '샘'을 합해 "향지샘"이라는 애칭을 만들었다. 향기로운 땅, 거듭 생각해도 김 박사와 아주 잘 어울리는 호였다.

향기는 몸과 마음을 치유한다. 땅은 수많은 생명을 품고 살린다. 그리고 끊임없이 솟아나는 맑은 샘물! 김윤탁 박사는 그런 사람이다.

충북 충주시 노은면 고도원의 아침편지 명상치유센터, '깊은산속옹달샘'에 오는 수많은 사람은 향지샘의 향기명상으로 마음이 치유되는 것을 경험한다. 그들은 가슴속 깊이 응어리져 있던 것들을 토해 내고, 몸과 마음이 말갛게 씻겨 돌아간다.

열심히 살았지만 어느 순간부터인가 지쳐 있던 사람들은 '깊은산속옹달샘'의 맑은 공기와 조미료를 넣지 않은 자연식 밥상, 그리고 명상 프로그램으로 잃었던 힘을 회복한다. 그중에서도 향기명상은 프로그램 중에서도 알짜요, 절대 빠져서는 안 되는 핵심 명상이다.

향기명상 시간에 많은 사람은 카타르시스를 경험한다. 명상하는 동안, 억눌렸던 감정의 응어리가 녹아내려서 오열을 터뜨리기도 한다. 여성뿐만 아니라 강해 보이던 남성들도 단단히 동여맸던 가슴의 응어리를 풀어놓는다. 아버님이 돌아가신 이후로 그렇게 울어 보기는 처음이라는 분들도 있다. 연로한 어르신들도 예외가 아니다.

억울함을 호소하는 아이의 마음을 다독이는 엄마처럼 향지샘의 목소리는 부드럽고 조용하다. 그 나직나직한 음성으로 인도하는 메시지를 듣고 있다 보면 마음에 세워 둔 철통같은 중무장도 해체되고 만다.

향지샘이 가진 평화로워 보이는 표정은 세상의 모진 풍파가 비켜 간 듯하지만, 그 내공이 그냥 생긴 것은 아니다. 상처가 짓무르다 아물고 다시 곪기를 여러 차례, 그 과정을 겪은 향지샘은 마치 청정한 연꽃을 피어 올리는 연못 속 진흙과 같아졌다.

향지샘은 힘들고 고단한 이들이 지친 몸을 눕히는 자연의 땅과 닮았다. 그저 향지샘의 곁에만 있어도 마음이 편안하다.

늘 글을 못 쓴다고 자조하던 향지샘이 책을 출간했다. 용기를 내서 자신의 상처를 드러낸 '역사적인 작품'이다. 자신이 인도하는 명상 시간에 늘 상처와 마주하면 이미 그것은 상처가 아니라고 말하던 것처럼, 이제 세상에 자신의 상처 자리를 보여 주려 속살을 드러낸 것이다.

이 책을 만난 독자는 이 한 권의 책 어느 한 구절에서 위로와 안도, 편안함을 느낄 것이다. 좀 더 나은 자신을 위해 열심히 노력하라는 격려와 종용이 난무하는 이 시대에, 그냥 있는 그대로의 자신을 수용하고 받아들여도 괜찮다는 향지샘의 목소리는 참으로 따스하다. 명상 프로그램 참가자들이 천사의 목소리라고 칭송하는 향지샘의 '천사의 소리'까지 덤으로 받을 수 있는 이 책은 자신만이 아니라 힘든 삶을 살아가는 이웃에게도 고마운 선물이 될 것이라고 믿는다.

고도원

고도원 / 매일 아침 300여만 명에게 이메일로 행복 편지를 보내는 문학 에세이 작가이다.
'고도원의 아침편지' 주인장이자 아침편지 문화재단의 이사장,
명상치유센터 '깊은산속옹달샘'의 대표로 활동하고 있다.

저자의 말

향기로 힐링하세요

숨 쉬기가 힘들었던 적이 있습니다. 늘 숨을 쉬고 살아왔는데도 불구하고, 들이쉬고 내쉬는 숨이 도무지 쉬어지지 않는 순간이 있었습니다. 호흡할 수 없어서 가슴을 치며 간신히 숨을 몰아쉬곤 했습니다. 살아야 할 이유를 모르겠고 어떻게 살아야 할지도 모르겠는 암울한 순간이 마치 끝이 없는 터널처럼 이어지고 있었습니다.

그러던 어느 날, 저는 마법과도 같은 향기를 알게 되었습니다. 향기를 통해 깊은 명상 상태에 들어가서 몸, 마음, 영혼이 합일되는 체험을 하게 됩니다. 이후 향기는 제게 그저 단순한 향기가 아니었습니다. 향기는 보이지 않는 세계를 보이는 세계와 연결하는 연결고리였으며, 몸과 마음, 그리고 영혼을 위로하고 치유하는 동반자가 되었습니다.

누구나 삶의 여정에서 다양한 형태의 고통과 마주하게 됩니다. 살면서 고통이 없기를 바랄 수는 없습니다. 고통을 그저 고통으로만 받아들이면 고통을 견뎌 내기가 매우 버겁습니다. 고통을 바라보는 시각이 달라지면 고통은 고통만이 아니라 선물이 됩니다.

알고 보니 매 순간 우주는 제가 영혼세계에서 원하던 것을 얻을 수 있도록 충실히 약속을 이행하는 중이었습니다. 모든 장소와 모든 만남을 통해서 저에게 배움을 주고 있었습니다. 결코 우연히 다가온 것은 아무것도 없었습니다. 부모나 형제자매, 친구, 배우자, 자식, 동료 등 제 인생의 일부분을 함께한 사람들은 모두 제가 누구이며 이 세상에 무엇을 경험하기 위해 왔는지 알려 주는 메신저였습니다.

향기명상은 씨앗의 고통이 나무의 탄생과 이어짐을 깨닫게 합니다. 씨앗이 분해되는 고통을 겪은 후에야 싹을 틔우고 큰 나무로 성장할 수 있다는 사실을 깨우치게 하는 명상입니다.

자연이 주는 아름다운 선물을 가슴으로 받았을 때, 모든 영혼이 자신의 진화를 위해 몸으로 현현해 이 세상을 체험하고 있다고 느끼게 됩니다. 마주하는 모든 것들이 모두 나와 연결되어 있음을 스쳐 지나가는 향기나 바람에서도 느낍니다. 의식을 지니지 않은 듯 보이는 작은 돌멩이와 풀잎에서, 내려앉은 눈송이 안에서 그들만의 빛과 향기를 발견할 수 있습니다. 그리하면 이제는 무엇을 해야 할지 알고, 자신이 가야 할 길을 기쁨으로 창조하며 가게 됩니다.

이 책은 자기 자신의 어떤 모습인가를 바꾸어야 한다고 가르치는 자기계발 지침이나 어려운 수행을 견뎌 내야 하는 명상법을 적은 것이 아닙니다. 그저 우리가 숨을 쉬듯이, 향기와 함께 숨을 쉬고 있다 보면 평화에 이를 수 있다고 알려 줍니다.

향기명상은 의지로 몸과 마음을 억제해 평화에 이르는 것이 아니라 어릴 때 풀밭이나 대청마루에 누워 하늘에 떠가는 구름을 바라보듯, 낙숫물 소리를 들으며 시장 간 엄마를 기다리듯, 편하게 향기를 맡으면 되는 명상입니다. 이 책을 읽는 여러분은 제가 어둠에서 빛을 향해 나왔던 것처럼 일상 속에서 편안히 향기로운 명상 세계로 들어올 수 있습니다.

이 책은 일반적인 아로마테라피 정보를 담은 저서와 다릅니다. 실용적인 아로마 정보와 지식 설명만을 나열한 것이 아니라,

마음 챙김에 대한 메시지도 함께 살펴보고 풀어냈습니다. 또한, 이 책은 일반적인 명상 서적과도 다릅니다. 개개인에게 맞는 향기를 활용한 명상법을 제시하여 누구나 일상생활 속에서 쉽게 명상 체험을 할 수 있도록 한 점이 다릅니다.

사랑해서 결혼했지만 지금은 마음이 멀어진 부부, 사랑하지만 표현 방법이 맞지 않아 소통이 되지 않는 부모와 자녀, 현실을 견디며 힘겹게 살아가는 직장인들, 병석에 계시는 분들과 보호자들, 요양센터나 사회복지 관련 일에 종사하는 분들, 조금 더 아름다워지고 건강해지고 싶은 분들, 나이보다 젊어지고 싶은 분들에게 이 책을 권합니다.

이 책은 차례대로 읽지 않아도 됩니다. 먼저 보고 느끼고 싶은 향기 여행부터 하세요. 그저 마음에 드는 제목 부분의 페이지를 열어 내용이 안내하는 대로 따라 하시면 됩니다. 무심히 펼친 그 페이지에서 여러분은 그날의 메시지를 발견할 수 있을 것입니다.

명상을 굳이 따라 하지 않더라도, 그저 글만 읽으셔도 됩니다. 그렇게만 해도 충분히 메시지가 전달될 것이라고 생각합니다. 향기명상을 통해 진정한 마음의 평화를 얻으시기 바랍니다.

향지 김윤탁

차례

추천의 글 향지샘의 향기 선물 4
저자의 말 향기로 힐링하세요 8

향기, 느끼다 15

오감 느낌 🍃 우주가 준 선물 🍃 내 안의 신성
까마중 향기 🍃 식물 교감 🍃 위로 🍃 아무는 통증
작은 숲 🍃 페퍼민트와 아깽이

향기, 변화시키다 69

영혼이 기뻐하는 일 🍃 인생의 주인 🍃 삶의 방향 🍃 배려하는 최선
책임 🍃 창조의 시간 🍃 눈물 치유 🍃 눈 향기

향기, 함께하다 107

갈등 녹이기 🍃 분노에서 해방 🍃 마음공부 🍃 있는 그대로
시선 🍃 혼자 여행하다 🍃 스킨십의 기적 🍃 사랑스런 향기

향기, 즐기다 159

사랑 맞이 🌿 인정 🌿 소울메이트 🌿 향기로 기억하기
도움 에너지 🌿 자유 욕망 🌿 아름답게 늙다

향기, 나를 만나다 195

영혼의 메시지 🌿 몸의 신호 🌿 젊음 🌿 진동
마법 향기 🌿 내려놓음 🌿 용서

더 깊은 향기 여행 230

마음의 상처를 치유하고 영혼에 자유를 주는 힐링 향기명상
*첨부된 CD를 들으며 더 깊은 향기 여행을 떠나 보세요.

향기, 느끼다

향기는 코로만 맡는 것이 아닙니다.

향기는 눈으로 맡고, 귀로 맡고, 마음으로 맡습니다.

바쁜 일상 속에서 몸보다 더 분주하게 움직이는 마음을 잠시 멈추고,

지금 이 순간 느껴지는 영원의 향기를 맡는 것입니다.

오감 느낌

아마도 살아가면서 한 번쯤 붉은 노을이 지는 풍경을 본 적이 있을 것입니다. 때로는 무심히, 어느 때인가는 감격하며 바라보았을 것입니다.

그 노을의 향기를 느껴 본 적이 있으신가요. 바다와 하늘을 붉게 물들이며 퍼져 가는 낙조의 장엄한 풍경을 보며 그 노을의 향기를 느껴 보았는지요. 짙푸른 밤하늘, 그 가운데 휘영청 빛나고 있는 둥근 보름달에서 나는 향기…, 자욱이 낀 안개 속으로 들어갈 때 느껴지는 온몸을 적시는 새벽안개의 향기…, 그리고 생명이 깨어나는 아침의 생동하는 향기…, 천년의 세월을 간직한 바위에서 나는 향기…, 비의 향기…, 바람의 향기를 기억하는지요.

향기는 코로만 맡는 것이 아닙니다. 향기는 눈으로 맡고, 귀로 맡고, 마음으로 맡습니다. 바쁜 일상 속에서 몸보다 더 분주하게 움직이는 마음을 잠시 멈추고, 지금 이 순간 느껴지는 영원의 향기를 맡는 것입니다.

멈춤, 복잡한 도로에서 빨간 신호등을 본 것처럼, 우리는 멈출 필요가 있습니다. 1분도 좋고, 아니 그보다 더 짧아도 상관없습니다. 멈추어서 그 순간 우리에게 다가오는 향기를 느껴 보는 것, 그것이 바로 '향기명상'입니다. 단 한 번이라도 그 순간을 경험하면 그 평화로움을 혼자 안고 가기는 벅차다고 느끼게 됩니다. 조심스럽게 주변과 공유하고 싶어집니다.

드넓은 바다는 어떤 물이든 모두 받아들입니다. 오염된 하천 물이라고 거부하고, 청정 구역 1급수 물이라고 받아들이지는 않습니다. 빗물이건, 강물이건, 공장 폐수건 가리지 않고 그 품에 다 감싸 안습니다. 온갖 곳에서 흘러 들어온 물은 악취가 나건 향기가 나건, 푸른 물이건, 검은 물이건 바다의 품에 안겨 정화되어 갑니다. 그리고 함께 섞여 굽이칩니다.

때로는 해일로 깊은 바다 밑바닥을 들추어내고, 때로는 잔파도로 해안을 쓰다듬습니다. 그러다가 때가 되면 수증기가 되어 하늘로 오르고 다시 비로 내려 대지를 적시고, 각자의 길로 정해진 길로 흐릅니다.

우리 마음도 바다와 같아야 합니다. 온갖 번뇌와 망상, 두려움, 시기, 분노, 욕심, 갈망, 사랑, 슬픔, 어느 하나 거부할 수 있는 것은 없습니다. 거부한다고 해도 그것은 다가올 것이고 몸과 마음에 충격을 가할 뿐입니다. 그저 어떤 물이나 품어 안는 바다처럼, 흰 구름이고 먹구름이고 흐르게 하는 본래의 하늘처럼 받아들일 수밖에 없습니다.

향기명상은 잠시 멈추어 우리 스스로를 바라보는 것입니다. 오가는 검은 구름 또한 우리인 것을, 모두 다 너와 나의 모습임을 바라보고 받아들입니다.

어차피 형체도 없이 사라질 구름 조각인 것을 모양과 색이 마음에 들지 않는다고 불평하며 바꾸고자 하는 것은 아닌지요. 어차피 한 뿌리인 대양에 속한 한 방울 물방울인 파도인데 내가 더 높다고 옆의 물결과 비교할 일은 없겠지요.

"향 싼 종이에선 향내가 난다."는 말이 있습니다. 감추려고 해도 배어나는 것이 향기입니다. 우리 마음이 향기로우면 곁에 있는 사람도 그 향기로 향기로워집니다. 평화와 사랑의 향기는 감추려고 해도 퍼져 나갑니다.

우리 몸을 이루고 있는 60조 개 이상의 세포 중에서 얼마쯤은 자신의 고유 진동을 잃어버린 것들이 있습니다. 세포들은 사랑과 평화로운 향기의 파동으로 교란되었던 자신의 진동을 되찾게 됩니다. 약해져 있던 면역력이 되살아나고 자연 치유력이 증가됩니다. 지쳐 있던 몸과 마음이 활기를 되찾고 영혼이 치유됩니다.

향기명상을 할 때 잊지 말아야 할 것은 향기는 나와 나 이외의 것을 구분하지 않는다는 사실입니다. 같은 공간에서 숨을 쉴 때, 내가 내쉰 숨은 공기가 되어 다른 사람의 들숨이 됩니다. 또한 상대의 날숨이 나의 들숨이 되어 내 온몸을 돌아 다시 날숨이 되어 공기와 합해집니다. 마찬가지로 향기는 나의 몸에도 그리고 함께 있는 다른 이의 몸에도 같이 넘나듭니다. 경계 지을 그 무엇이 없습니다. 향기 입자가 내 몸에 스며들어 내 세포가 되고, 다른 이의 몸이 됩니다. 우리는 분리되어 있으나 연결되어 있는 하나입니다.

우리는 각자 자신만의 모양새와 향기를 지니고 있습니다. 삼라만상이 모두 그러합니다. 광물은 광물대로, 식물은 식물대로,

동물은 동물대로 그렇습니다. 그런데도 우리는 나의 틀에 갇혀 내 모습, 내 향기를 상대에게 강요합니다. 향기명상은 상대를 있는 그대로 인정해 주고 그들의 다름과, 그들의 다양성을 이해하는 시선으로 바라보는 것에서부터 출발합니다.

　해바라기에게 옥잠화의 모습을 요구하지 말고 그저 충실히 해바라기다울 수 있도록, 그렇게 마음껏 성장해서 단단히 여문 씨앗을 품을 수 있도록, 물과 공기 그리고 태양을 충분히 받아들일 수 있도록 도와주고 지켜봅니다. 해바라기는 해바라기로, 옥잠화는 옥잠화로, 그대로 바라봅니다. 그들이 그들 나름대로의 모습과 향기로 충만해 있을 때가 가장 생명력이 넘치고 아름답습니다.

내가 나다울 때,
더는 타인과 비교해 자신을 바꾸려고 애쓰지 않을 때,
나는 빛을 발하기 시작합니다.
밖이 아닌, 자신의 내면으로 들어가 자기 자신과 마주해
잠시라도 '나'됨을 바라보는 시간을 갖도록 합니다.
나의 향기가 나 자신과 내 주위를 향기롭게 할 것입니다.

우주가 준 선물

향기명상은 전인적인 치유입니다.

현대를 살고 있는 우리들은 누구나 크고 작은 질병에 고통받고 있습니다. 병은 무분별한 섭생, 혼탁한 공기, 각종 세균 감염이 원인이기도 하지만 정신적으로 불안, 공포, 고독 등이 더 많은 영향을 미치기도 합니다.

이러한 감정은 자신이 언젠가는 사라질 유한한 존재라는 부정적인 인식에서 비롯됩니다. 만약에 자신이 영원하고 무한한 존재라는 것을 인지할 수 있다면 그러한 두려움은 사라질 것입니다. 그러기에 우리는 살아가는 동안 고립된 존재가 아니며 우주의식과 유기적으로 연결되어 있음을 깨달아야 합니다. 그것을 알지 못하는 한 허무감, 고독감에서 벗어날 수 없습니다. 우리가 명상을 하는 이유는 바로 이 존재의 근원에 눈뜨기 위함입니다.

우리 뇌 속의 대뇌변연계는 우주의 근원과 연결된 것으로 기쁨, 슬픔과 같은 감성과 관련이 있습니다. 시상하부는 특히 호르몬, 면역, 자율신경을 관장하며, 뇌하수체는 호르몬을 생성하여 이를 송과샘에 전달해 주는 역할을 합니다.

송과샘은 특별한 상황에서 DMT 디메틸트립타민, Dimethyltryptamine 라는 물질을 생성합니다. 이것은 영혼의 분자라고도 불리는 특이한 물질인데, 의학계에서는 이 물질이 환각제로 알려져 있으나 고대에는 이 물질이 영적인 각성과 깊은 관련이 있는 것으로 여겨졌습니다. 이들 뇌 부위를 활성화하는 데는 무엇보다 향기가 큰 몫을 합니다.

향기는 우주가 우리에게 준 귀한 선물입니다. 향기는 인간의 육체적인 측면만이 아니라, 정신과 영혼의 측면, 그리고 우주의 근원과 연결하여 이를 주변에 확산하는 힘을 가지고 있습니다. 특히 샌달우드나 프랑킨센스, 로즈 등의 향기를 맡으면 명상 상태에 도달하기가 쉬워집니다.

향기는 생명력, 치유력이 있을 뿐만 아니라, 눈에 보이지 않는 것, 즉 마음의 세계, 영혼의 세계에 눈뜨게 합니다. 이러한 관심은 "나는 무엇인가?" "나는 무엇 때문에 태어났는가?"와 같은 근원적인 의문을 갖게 하며 태어난 목적에 대한 해답을 구하게 합니다.

알렉산더 대왕은 열여섯 살에 프랑킨센스 향기를 맡고, 인생의 사명에 눈뜨게 되어 동방원정을 하게 되었다고 합니다. 프랑킨센스는 미이라에 방부를 하는 방부제로 쓰였으며, 내면의 상처를 치유하고 삶을 변화시키는 힘을 지닌 향기입니다.

로즈 향기 역시 깊은 슬픔을 치유해 고독감, 상실감을 없애주며, 여성 호르몬의 조화를 이루게 하는 향기로 정신과 육체를 치유하는 힘을 지니고 있습니다. 역사적으로 클레오파트라뿐만 아니라 폭군 네로 황제도 이 향기를 즐겼다고 합니다.

향기는 비강상피점막에 있는 약 200만 개의 후각세포로부터 전기신호와 같은 형태로 대뇌변연계에 직접 들어갑니다. 시각, 청각, 촉각과 같은 다른 감각들은 대뇌신피질을 통하여 대뇌변연계로 들어가지만, 후각은 대뇌변연계로 바로 들어갑니다.

향유(에센셜오일)는 지용성이어서 피부를 통과하는데 이상적인 형태를 띠고 있습니다. 향유는 각질에서 진피로 들어가 피부 조직 전체에 확산하면서 모세혈관에 들어갑니다. 예를 들어 라벤더 오일 마사지나 방향욕은 불면증이 있는 사람들을 숙면으로 유도하는 효과가 있습니다. 기체로 된 향유분자는 기관지를 통해 폐 속의 허파꽈리로 들어갑니다. 향유분자는 허파꽈리를 통해 혈액 속에 용해되어 혈액의 흐름에 따라 전신을 돌고 뇌 전체의 조직이나 장기로 들어갑니다.

이러한 경로를 통해 들어간 에센셜오일 분자는 대뇌변연계에 작용하여 호르몬계나 면역계, 자율신경계의 균형을 잡아 주어 행복감이나 충족감을 느끼게 합니다. 또한 혈액과 림프액을 타고 전신을 흐르며 몸과 마음의 조화와 균형을 이루게 합니다.

독약인 청산가리를 먹으면 그 독성이 식도를 통해 위로 들어가 몸에 흡수되어 혈관을 통해야만 뇌로 전달되기에 3분이 소요되지만, 청산가리 가스를 코로 흡입하면 바로 뇌로 전달되므로 10초 만에 사망한다고 합니다. 이처럼 향기는 최단 시간에 우리 뇌에 영향을 미칩니다.

최적의 명상 상태 뇌파인 알파파에 이르게 하는 데는 어떠한 명상법보다 그에 알맞는 향기를 사용하는 것이 바람직할 것입니다. 예를 들어 프랑킨센스는 심리적 불안감을 없애고, 클라리세이지는 정신적인 피로를 풀어 주며, 샌달우드는 긴장 해소와 진정 작용을 합니다.

마조람 역시 안정 작용을 하며, 주니퍼베리는 진정과 이완 작용에 뛰어납니다. 이렇게 향기를 적절히 사용하면 사념에 사로잡혀 쉽사리 안정할 수 없는 마음을 진정시켜 삼매에 이르게 될 것입니다.

향기명상은 전인적인 치유 개념입니다. 전인 치유란 몸만이 아닌 마음, 영혼까지도 모두 치유한다는 뜻입니다. 향기명상의 기본 원리는 향기로 몸과 마음을 건강하게 유지해 정신적, 신체적, 영적인 면에서 탁월한 치유를 하는 데 있습니다.

> 향기는 우주가 우리에게 준 귀한 선물입니다.
> 향기는 인간의 육체적인 측면만이 아니라, 정신, 영혼,
> 우주의 근원과 연결하여 이를 주변에
> 확산하는 힘을 가지고 있습니다.

내 안의 신성

"신은 돌 안에서 잠자고, 식물 안에서 숨쉬고, 동물 안에서 꿈꾸고, 사람 안에서 깨어난다."

인디언 격언 중에 하나입니다. 멋진 격언입니다. 돌과 식물 그리고 동물, 그리고 인간은 모두 하나라는 깊은 성찰이 담긴 격언입니다. 외경인 도마복음서에도 이와 비슷한 예수의 말씀이 있습니다.

"돌을 들어 보아라. 그 아래에 내가 있을 것이며, 나무를 쪼개 보아라. 그 안에 내가 있을 것이다."

돌 아래에도, 나무속에도, 신은 존재합니다. 신은 돌과 식물 그리고 동물과 사람들에게 깃들어 있습니다. 우리 모두는 하나이며, 그리고 공경해야 할 신성이라는 것이지요.

인도에 갔을 때 길거리에서 스쳐 지나가는 인도인들은 시선이 마주치면 하얀 이를 드러내며 이렇게 인사합니다.

"나마스떼~."

그 인사말의 뜻은 "내 안의 신이 당신 안의 신께 경배합니다." 입니다. 자신과 상대를 모두 신으로 여기는 인사말입니다. 정말 멋집니다. 자신도 신이고 상대도 신인데 어찌 경멸하고 하대할 수 있겠습니까? 그래서 그들은 당당하게 구걸을 합니다. 당신 안의 신이, 내 안의 신이 먹을 수 있도록 1루피를 제공하라고 말입니다.

구걸을 해도 이리 멋지고 당당하게 구걸하는 인도인들은 남루한 옷차림을 하고 맨바닥에 앉아 있어도 결코 부끄러워하거나 절망하지 않습니다. 너와 나, 우리는 모두 하나인 신이라고 생각하는 데에서 오는 자존감 덕분입니다. 자각한 이들에게서 볼 수 있는 초탈의 경지마저 느껴집니다.

저는 향기명상 강의를 할 때 강의 듣는 분들에게 이런 요구를 합니다.

두 사람씩 짝을 만들고, 한 사람은 눕고 한 사람은 치유자의 역할을 하게 하지요. 치유자의 역할을 맡은 사람은 향유를 손에 바른 후, 두 손을 코앞에 모아 먼저 자신이 향기를 맡습니다. 치유자가 먼저 그 향기로 정화된 후, 그 향기 에너지를 누워 있는 분께 전달하는 것입니다. 향기를 맡은 후, 치유자 스스로 자신이 불편하다고 생각되는 지점을 생각하고 누워 있는 분의 그 지점에 손을 올려놓습니다. 치유자 자신이 배가 불편하면 누워 있는 분의 배에 손을 가져다 대는 것이지요. 어떠한 테크닉도 없이 그저 손을 올려놓은 그대로 잠시 호흡을 고릅니다.

처음에는 그저 손으로 전해지는 따뜻함, 서늘함, 떨림 같은 것을 느껴 보도록 안내합니다. 양쪽 손에 전해지는 느낌이 같은지, 다른지도 느끼게 합니다. 그렇게 잠시 있다 보면 서로가 편안해지면서 호흡의 패턴도 같아지는 것을 느낄 수 있습니다. 들숨과 날숨의 길이가 서로 닮아 갑니다. 공명하는 것이지요. 그렇게 잠시 있은 후 교대합니다.

어느새 서로에 대한 신뢰감과 사랑, 그리고 감사하는 마음이 생겨 강의장 전체가 부드러움과 평화의 에너지로 가득 차 있음을 느낍니다. 마지막으로 서로의 느낌을 나눕니다. 눈빛을 반짝이며 대화를 나누는 분들을 바라보고 있노라면 가슴 가득 행복감이 차오릅니다. 다들 이구동성으로 말씀하십니다. "신기해요. 몸과 마음이 편해졌어요."라고 말이지요.

자신의 몸이 아닌 타인의 몸에 손을 올려놓았는데도 불구하고 그와 나는 공명하여 서로가 편해진 것입니다.

향기가 경계 없이 공간을 넘나들듯, 내 마음의 진동과 몸의 진동 역시 서로를 넘나든 것이지요. 그래서 같은 공간에 있는 어떤 사람의 마음이 불편하면 함께 있는 사람 역시 편할 수 없습니다. 그의 파장이 고스란히 내게 전달됩니다.

우리는 근원이며, 순수의식이며, 신성입니다. 우리 모두 그 근원의 영역에서 여기 지구학교로 왔습니다. 각각의 이유로 다양한 모습으로 현현되어 다채로운 체험을 하고 있는 하나입니다. 그러나 같은 질료의 성분을 지니고 있기에 서로가 서로에게 공명합니다.

내가 사랑을 보내면 상대도 사랑을 보내 줍니다. 내가 미움을 보내면 상대도 미움을 보내옵니다. 마치 멀리 날려 보낸 부메랑이 내게 다시 돌아오듯, 그렇게 보낸 것을 고스란히 받게 됩니다.

이 강의를 할 때 사용하는 향기의 이름은 '신들의 향기'입니다. 고대부터 신들께 제의를 드릴 때 귀하게 사용되었던 향기이며, 왕족의 건강과 아름다움을 위해 사용되기도 했던 향기들입니다. 고대 인도에서부터 현재 불교 사찰에서까지 불단에 올리는 백단향, 즉 샌달우드와 아기 예수께 동방박사들이 선물했던 유향, 즉 프랑킨센스, 그리고 사랑스러움과 아름다움을 부여하는 네롤리, 버가못, 자스민 등을 식물성 캐리어오일에 섞은 오일입니다.

제가 이름을 붙인 이 '신들의 향기'는 뇌파를 알파파 상태로 안정시키고, 우울함과 불안감을 완화하는 향기의 모음으로 역사적으로 귀하게 대접받았던 만큼 효능도 뛰어납니다. 왕족이나 귀족들이 아름다움을 지키기 위해 사용하기도 했던 이 향기들은 노화된 세포를 새로운 세포로 교체하는데도 한몫하여 젊고 건강한 피부로 가꿔 주기도 합니다.

페이셜오일로도 사용하는 이 향기로 우선 내 몸과 마음을 향기롭게 하면, 어디를 가든 그곳은 내게서 풍기는 향기처럼 향기로워질 것입니다. 왜냐하면 우리는 공명하기 때문이지요.

어떠신가요?

오늘, '신들의 향기'로 내 안의 신성을 한번 느껴 보지 않으시겠습니까?

내가 사랑을 보내면
상대도 사랑을 보내 줍니다.
내가 미움을 보내면
상대도 미움을 보내옵니다.
마치 멀리 날려 보낸 부메랑이
내게 다시 돌아오듯,
그렇게 보낸 것을
고스란히 받게 됩니다.

까마중 향기

영국의 의사 에드워드 바흐Edward Bach는 20세기 초반에 38가지 식물을 골라서 그 꽃의 추출액을 치료에 사용하기 시작한 사람입니다. 1930년대에 그는 사람과 질병의 관계를 총체적으로 봐야 한다고 주장했습니다.

"질병은 잔혹함도, 형벌도 아닙니다. 그것은 단지 잘못됨을 바로잡는 과정일 뿐이지요. 질병은 우리의 잘못을 일깨우기 위해, 더 큰 잘못을 저지르지 않게 하기 위해, 더 큰 해를 입지 않도록 하기 위해, 우리의 영혼이 필요로 하는 도구예요. 그리고 더 나아가서 우리가 결코 벗어나지 말았어야 할 '진리와 빛의 길'로 우리를 다시 이끄는 역할을 합니다."

질병은 우리에게 영혼의 메시지를 전해 주는 도구로 사용된다는 말이지요. 간혹 우리는 어르신들이 전생에 무슨 죄를 지었기에 이런 몹쓸 병에 걸리느냐며 한탄하는 것을 봅니다. 전생의 업으로 인해 지금 질병에 걸린다면 그 질병에서 회복되기는 어려운 일이지요. 과거인 전생을 바로잡을 수 없으니 현재의 질병을 낫게 하기는 불가능합니다. 그러나 에드워드 바흐의 말처럼 질병이란 우리가 더 큰 잘못을 저지르지 않게 사용하는 영혼의 도구라는 생각을 한다면 아주 절망적이지는 않습니다. 영혼의 메시지를 읽고 다시 빛의 길로 나아가면 되기 때문입니다.

에드워드 바흐는 어떤 식물이 특별한 에너지 파장으로 사람을 치료할 수 있는지 직관적으로 알아냈다고 합니다. 그는 꽃잎 하나만 자신의 혀에 대 보면 그 식물이 어떤 좋은 에너지와 치유력을 가지고 있는지 알 수 있었다고 합니다.

에드워드 바흐는 치료에 사용할 꽃을 전통적으로 약초로 쓰이던 식물이 아니라 대개 잡초로 알려진 야생 식물과 나무에서 채취했습니다.

그는 자신의 치료법이 어떤 효과가 있는지 다음과 같이 기술했습니다.

"몇몇 야생 꽃과 덤불, 나무들은 그들의 높은 파장에서 나오는 특별한 힘을 가지고 있어요. 그들은 우리 사람들의 파장을 높여 주고, 영적인 자아로부터 메시지를 받는 경로를 열어 주며, 우리의 인격을 고양시켜 주어요. 그럼으로써 고통의 원인이 되는 성격상의 결점을 씻어 주지요. 삶을 바라보는 시각이 변함으로써 얻을 수 있는 영혼의 평화와 내적인 행복함 없이 진정한 치유란 불가능해요."

잡초로 알려진 야생 식물들은 그들의 강한 생명력과 높은 파장으로 사람의 낮아진 파장을 높여 줍니다. 식물들은 그 파장으로 사람의 경직되고 편협해진 마음을 열어 영혼의 메시지를 받아들여 몸과 마음을 정화하도록 돕습니다.

파장이 높아지면 삶을 바라보는 시각이 변합니다. 마치 물의 파장이 높아지면 수증기가 되고 낮아지면 얼음이 되듯이 본질은 그대로이긴 하지만 변형이 일어납니다. 이때 비로소 평화가 찾아오고 치유가 시작됩니다.

바흐의 꽃잎 추출액은 희석되어 작은 병에 담겨서, 영국에 있는 바흐 센터로부터 전 세계로 보내집니다. 단지 혀 밑에 한두 방울 머금고 있는 것으로 치유 효과가 일어나는 바흐의 꽃 치유는 전 세계로 퍼져 나가 그 효능을 발휘하고 있습니다.

저희 집에도 야생 잡초가 마당에 한가득입니다. 장마철에 하늘이 내려 준 빗물을 흠뻑 마시고 아주 싱싱하게 퍼져 나가고 있습니다.

오늘은 점심을 먹고 허리를 숙여 디저트로 까마중을 한 접시 따 왔습니다. 까맣고 작은 까마중이 마치 검게 빛나는 보석 오닉스처럼 이파리 줄기마다 송이송이 매달려 있습니다. 그리 달지 않으면서 묘한 향기가 입 안 가득 배어나는 까마중을 톡톡 터트려 먹는 재미 또한 쏠쏠합니다.

저희 집을 방문하는 분들은 까마중을 뽑아 버리라고 합니다. 별로 볼품도 없으면서 정원을 마치 정글처럼 만들어 놓아 막상 예쁘게 피라고 심어 놓은 꽃들이 자랄 수 있는 공간을 빼앗아 버리는 것이 보기 싫다는 뜻이지요.

하지만 저는 푸르고 싱싱하게 앙증맞은 열매를 주렁주렁 달고 있는 생명들을 차마 뽑을 수 없어서 그냥 두고 보았습니다. 그런데 알고 보니 까마중은 대표적인 항암 식물이었고 방광염이나 신장, 비뇨기 질환에 탁월한 효능을 지니고 있었습니다.

까마중으로 효소를 담가 두고 먹으면 시력이 탁월하게 좋아진다고도 합니다. 요즘 시력에 좋다는 블루베리보다 지천에 널려 있는 까마중이 더 효험이 있을 듯합니다. 왜냐하면 보살펴 주어야 잘 자라나는 식물이 아니라, 제 스스로의 강인함으로 뿌리를 깊게 내리고 세력을 넓혀 가는 잡초의 생명력이 당연히 파장이 높을 것이기 때문입니다.

사실 까마중의 효능을 제가 미리 알고 벌초를 하지 않았던 것은 아닙니다. 없애라는 외부 압력에 어찌 대응할까 싶어 자료를 찾아본 결과 얻은 소득이었습니다. 이제는 당당히 말할 수 있습니다. 까마중은 잡초가 아니고 약초라고 말이지요. 심지 않아도 저절로 찾아와 생명의 뿌리를 내려 준 잡초들에게 감사합니다. 그들 자신의 정기를 열매에 담아 인간에게 나누어 주고도 풍족하게 열매를 맺어 주는 그 넉넉함에 감사합니다.

올해는 까마중으로 효소를 담아 저희 집을 방문하는 분들께 항암 주스를 대접해야겠습니다. 단지에 가득가득 담아 원하시는 분께 넉넉히 나누어 드릴 생각을 하니 즐겁고 행복합니다.

식물 교감

인디언처럼 녹색 종족과 대화를 나누어 보십시오. 식물과의 교감은 또 하나의 치유입니다.

향기명상법 중에 식물과 대화를 하는 것이 있습니다. 말하자면 식물의 영혼과 이야기를 나누는 것이지요. 식물도 하나의 의식체로 생각하는 것입니다. 이 지구상에 나처럼 창조되어 나온 존재로 존중하는 것입니다. 내가 마음을 주는 대로 그들도 내게 마음을 준다고 생각합니다.

봄에 야생화 씨앗을 얻어다가 마당에 뿌렸습니다. 그 씨앗은 충주 노은면 '깊은산속옹달샘'에서 야생하는 꽃들의 소산입니다.

아주 작은 풀꽃 씨앗들은 그 자체로 운반이 어려워 모래에 섞어 가져왔습니다.

저는 가져온 씨앗을 마당에 그냥 뿌리는 것이 아니라 그 씨앗들에게 "멀리 이곳까지 오게 해서 미안해. 장소가 바뀌었지만 살아갈 만할 거야. 싹을 틔우고 깊게 뿌리내려 꽃을 피우렴."이라고 속삭이면서 씨앗을 땅에 뿌렸습니다.

이것이 씨앗과 함께 하는 명상입니다. 하루 동안 우리가 마주하는 물과 돌, 동물과 사물들에게 마음으로 말을 건네 봅니다.

저는 어렸을 때 어머니가 강아지나 고양이와 대화하는 모습을 보며 자랐습니다. 어머니가 무언가를 이야기하고 있기에 가만히 지켜보면 강아지와 고양이에게 밥을 주면서 말씀하시는 것이었습니다.

"오늘은 반찬이 이것밖에 없네. 그래도 맛있게 먹어라."거나, "그렇게 신발을 물어뜯으면 어떻게 하느냐."는 둥, 일반적으로 주인이 야단치듯이 하는 것이 아니라 아이에게 건네듯 말을 거는 것이었습니다. 식물도 예외가 아니었습니다. 식물의 사소한 움직임도 어머니에게는 폭소할 만한 일이고 신기한 대화 상대였습니다.

그때의 어머니보다 훨씬 나이를 많이 먹은 지금, 저 역시 어느 순간 어머니처럼 고양이와 마당의 풀에게 말을 건네고 있습니다. 그럴 때면 혼자 실소합니다. 그전에 "엄마는 되게 웃겨!"라고 했던 제가 그 웃기는 엄마와 똑같은 모습으로 살고 있는 것입니다.

인디언들은 식물을 녹색 종족이라고 부르며 대화한다고 합니다. 식물에게는 영혼이 있으며 그들의 생명력으로 사람들의 삶을 유지해 주기에 사람과 같은 생명체로 대한다는 것입니다.

식물도 의사소통을 합니다. 식물은 스스로를 위해 방어를 합니다. 식물은 동물들이 잎을 뜯어먹으면 뜯긴 이파리의 탄닌 성분을 증가시키고, 달짝지근한 향기가 나는 에틸렌 가스를 대기로 퍼뜨려 이웃 나무들에게 경보를 날립니다. 그러면 주변 나무들 역시 신호를 받아들여 서둘러 탄닌 성분을 함께 만들어 내기 시작합니다.

식물은 자신을 방어할 줄 아는 지혜를 지녔을 뿐만 아니라, 이웃 나무들에게 위험신호를 알려 주는 배려심도 가지고 있습니다. 더불어 살아가는 모습이 각박한 현대인들보다 낫다는 생각도

해 봅니다. 이렇듯 식물이나 동물 등 모든 생명체는 나름대로의 신호체계를 갖추고, 신호를 주고받으며 의사소통을 합니다. 이 신호를 전자기적 신호라고 하는데 이를 통해 식물이 서로 소통한다고 볼 수 있습니다. 그러나 사람이 보내는 신호와 식물이 보내는 신호의 전자기적 파장이 다르기에 소통이 되기까지는 주파수를 맞추는 노력이 필요합니다. 마치 휴대전화의 번호를 정확히 눌러야 그 번호의 주인과 통화 연결이 되듯이 말입니다.

이렇듯 파장이 맞지 않는 식물이나 동물과 대화를 시도하기 위해서는 우리의 파장을 그들의 파장에 맞추는 노력이 필요합니다. 그들의 모습을 바라보고 그늘의 모습이며 향기와 하나가 되어, 그들을 있는 그대로 느끼는 것으로부터 시작하여 마지막에는 그들과 합일되는 체험을 하는 것입니다. 이 체험은 사람의 시각으로 그들을 바라보고 있을 때와는 또 다른 경험일 것입니다. 어쩌면 식물들만이 들어갈 수 있는 비밀의 화원으로 초대되어 갈지도 모릅니다. 심청이가 용궁으로 초대되어 갔듯이 말이지요.

이처럼 식물이면 식물, 돌이면 돌, 동물이면 동물과 하나로 어우러져, 나를 비우고 상대로 채워져 궁극에는 '너'와 '나'가 하나라는 것을 체험하는 장이 바로 명상입니다. 가까이에 화분이 있으면 그 안에 있는 식물과 파장을 맞추어 보기 바랍니다. 어쩌면 그 식물은 작은 화분 속에서 아주 답답해하고 있을지도 모릅니다.
　내가 만약 작은 화분에 심겨 답답한 실내에 있어야 하는 식물과 같은 처지라면 아주 힘들 것입니다. 오늘 나의 마음을 가라앉히고 인디언처럼 녹색 종족과 대화를 나누어 보는 것이 어떨는지요?

그들에게 마음의 불편한 곳,
몸의 불편한 곳을 말해 보십시오.
어쩌면 비방을 알려 줄지도 모릅니다.
또는 대화를 나누는 동안
우울증이 씻은 듯이 나아질지도 모릅니다.
식물과 교감하면 신비로운 치유의 문이 열립니다.

위로

　깊은 상처를 치유하는 향기명상법이 있습니다. 향기명상을 강의할 때 저는 10분 명상을 유도합니다. 5분은 지금껏 살아온 삶 동안 자신을 가장 고통스럽고 힘들게 했던 대상을 상상으로 불러와서 하는 명상입니다. 5분 동안 그 대상과 마주하여 과거의 기억 속에서 꼭 해야 하는데 하지 못한 말을 마음으로 합니다. 마음의 응어리를 풀어내는데 주어진 5분은 그리 짧은 시간이 아닙니다. 그 5분 동안 많은 분들이 가슴에 맺힌 응어리를 풀어냅니다.
　늘 자신을 힘들게 한다고 인지했던 대상이 가장 먼저 떠오릅니다. 어쩌면 문득 잊고 살았던 유년의 기억이나 생각지도 못했던 대상이 떠오를 수도 있습니다. 다시 떠올리는 것이 두려워 스스로가 망각의 세계로 밀어 넣었던 장면과 마주합니다. 깊은 마음속

해저에 가라앉혀 두었던 상처, 분노, 수치심, 죄책감 등이 그 대상과 함께 모습을 드러냅니다.

이때 멘트를 보냅니다.

두려워하지 말고 불러온 대상에게 당신이 그 당시 하고 싶었던 말을 지금 다 말하라 합니다. 지금 이 순간 생각나는 말들을 막지 말고 다 토해 내라 말합니다. 억울했으나 해명하지 못했던 말들, 고맙다고 미안하다고 해야 했으나 이미 떠나 버린 사람, 임종자리를 지키지 못한 부모님께 드리는 말씀, 가슴에만 묻어 둔 사랑의 말들을 모두 털어놓도록 합니다.

우리는 기억하기 너무 버겁고 힘든 상처는 망각의 세계에 밀어 넣고 살아갑니다. 그러나 그 모든 상처들은 결코 잊히지 않고, 몸과 마음에 각인되어 있습니다.

치유될 기회를 잃은 채, 유기되어 있던 상처는 살다가 어느 순간 예기치 못한 상황에서 불쑥 자신의 정체를 드러냅니다. 치유되지 못한 상처는 때로는 심각한 질병으로 찾아옵니다. 단지 가슴속에 있던 말을 상상으로 표현했을 뿐인데 가슴속 상처는 치유되기 시작합니다.

특별한 조치를 취한 것도 아닌, 유기되었던 그 존재를 다시 체험하여 바라봐 주는 것만으로도 위로를 받습니다.

저는 다시 멘트를 보냅니다.

내키지 않아도 지금 불러온 그 대상을 상상으로 포옹하라 합니다. 당신이 있었기에 오늘의 내가 있노라고, 감사하다 말하고 그분의 평화를 빌어 주며 배웅하라 합니다. 우리는 자신도 알지 못하는 사이에 누군가에게 상처를 주기도 하고 또한 누군가로부터 상처를 받으며 살아갑니다.

때때로 사랑이라 생각하며 한 말과 행동이 상대에게 비수로 꽂혀 치명상을 입히기도 합니다. 5분이라는 시간 동안 모두들 자신에게 몰입합니다. 한숨이나 오열이 터져 나오기도 합니다.

그다음 5분은 '자신과의 대화 명상'입니다. 내게 상처를 준 대상을 마음으로 배웅하고 난 뒤, 남아 있는 자신에게 말을 거는 시간입니다. 이 명상은 스스로의 목소리를 듣게 합니다. 이 명상은 한 번도 불러 준 적이 없는 자신의 이름을 부르며 하는 명상입니다. 자신을 객관화하면서 관찰자의 입장에서 고단하고 상처받은 내 에고에게 내면의 자아가 말을 걸게 하는 것이지요.

그동안 살기 위해, 몸과 마음을 돌보지 못했던 것을 나 자신에게 사과합니다. 몸이 지쳐서 내는 소리, 마음이 힘들다고 지르고 있는 비명 소리를 듣지 못했던 것을 사과합니다. 들었는데도 불구하고 보살펴 주지 못한 것을 인정합니다. 그럼에도 불구하고 묵묵히 지금까지 버텨 준 것에 대해 감사하고, 이제는 누구보다 무엇보다 나를 소중히 여기겠노라고 약속합니다. 싫으면 싫다고, 아프면 아프다고, 힘들면 힘들다고 말하겠노라고 나 자신에게 약속합니다. 5분 동안 잊고 지냈던 나와 마주하는 것입니다.

자족하지 못하고 앞만 보고 내달리기만 했던 자신과 오롯이 마주합니다. 5분간의 명상 시간 동안 스스로가 매우 서럽고, 대견하고, 고마워서 많은 분들이 오열합니다. 명상 음악을 크게 틀어 놓아 주변에 방해를 받지 않고 오로지 자신에게 몰입할 수 있도록 합니다.

이렇게 10분간 명상을 하고 나면 참여한 분들의 얼굴이 해맑아집니다.

전혀 생각지도 않던 유년 시절이 떠올랐다는 분, 처음으로 자신을 위로하고 안아 주었다는 분들도 있습니다. 명상은 비우고 버리고 무념무상의 상태에 드는 것이라 하지요. 세상에는 수많은 명상법이 있습니다. 향기명상은 그중 하나입니다. 향기명상은 몸의 독소를 내보내듯이 마음의 독소를 비워 주는 명상법입니다.

독소를 비우는 방법은 그것이 내게 독소가 아님을 인정하는 것입니다. 몸 안에 생기는 독소 역시, 처음에는 자연의 아름다운 생명 물질이었던 것이 우리에게 섭취되어 영양분을 공급해 주고 난 후의 모습입니다. 본래 배척하고 혐오할 것이 아니었다는 것이지요.

적재적소에 쓰임을 받고 돌아갈 길로 돌아가지 못한 것일 뿐입니다. 마음의 독소 또한 마찬가지입니다. 사랑이 빛을 잃고 왜곡되었을 뿐인 것을 인정하고 감사할 때, 그것은 사랑의 본래 모습을 되찾습니다. 비우고 버려야 할 대상으로 전락하는 것이 아닌, 사랑과 감사의 대상이 되는 것이지요.

정호승 시인의 인생 동화 중에 '꽃씨'라는 글이 있습니다.

꽃은 어디에서 태어나는 것이냐는 아이의 질문에 엄마는 꽃은 꽃씨 속에 있다고 대답합니다. 연필을 깎는 칼로 꽃씨를 잘라 본 아이는 꽃이 없다고 엄마에게 거짓말쟁이라고 항의합니다. 그때 아이를 안아 준 엄마는 이렇게 말합니다. "꽃씨 속에는 분명히 꽃이 있어. 다만 하늘의 바람과 햇살, 땅의 흙과 물이 한데 마음을 합쳐야만 꽃은 피어날 수 있는 거야."라고 말이지요.

'나'라는 꽃을 피우기 위해 하늘의 바람과 햇살, 땅의 흙과 물이 내 안에 합쳐진 것임을 알 때, 우리는 꽃을 보기 위해 꽃씨를 망가뜨리는 일은 하지 않을 것입니다. 비바람과 혹독한 추위, 작렬하는 태양열, 가뭄까지도 버텨 내야 비로소 눈부신 꽃을 피워 내는 것처럼 우리에게 독소는 이미 독소가 아님을 알기 때문입니다.

향기명상은 몸의 통증뿐만 아니라
마음의 통증까지 진정시켜 주는
놀라운 효능을 가졌습니다.
내면의 깊은 슬픔까지 치유하는
향기를 느끼며 명상하세요.

마음의 노폐물이 모두 빠져나가고
삶에 활력이 생길 것입니다.

오늘, 향기명상을 통해 맑아진 몸과 마음을 느껴 보기 바랍니다.

아무는 통증

　제 나이가 오십 줄을 넘다 보니 하나둘, 사랑하는 사람이 세상을 떠나는 것을 겪습니다.
　예전에 아버지가 친구분의 장례식에 다녀오시고 나면 침통해하시던 모습이 생각납니다. 그러던 아버지도 떠나시고, 오빠도, 남편도 세상을 떠났습니다. 세 사람의 공통점은 평상시에는 건강하다가 갑자기 발병하자 투병 생활을 오래 하지 못하고 하늘로 떠난 점입니다.
　가끔 그들 임종 때의 모습을 떠올려 봅니다. 평소에 참 정갈했는데 임종 때는 매우 안타까운 모습이었습니다. 통증 때문이었지요. 통증은 사람의 존엄한 모습을 여지없이 손상시킵니다.
　오히려 생명이 떠나고 난 후의 모습은 평화롭습니다만, 그 평화를 맞이하기까지의 사투는 눈물겹습니다. 그래서 어르신들이 밥 잘 먹고 자다가 죽으면 좋겠다고 소원하시나 봅니다.

　세 사람 중에 오빠는 중환자실이 아닌 일반 병실에서 세상을 뜨셨기 때문에 곁에서 간병을 할 수 있었습니다. 모르핀 주사와 모르핀 패치를 붙이고도 통증이 심해서 잠 못 들어 하던 오빠는 많이 예민해져 있었습니다.

　워낙 깔끔했던 성격이라 침대 시트 오염된 것, 머리카락이 떨어져 있는 것조차 참지 못했던 오빠는 주사를 맞았는데도 왜 통증이 가시지 않느냐며, 간호사들에게 짜증을 내고 비상 버튼을 눌러대기 일쑤였습니다.

　보다 못한 저는 아로마오일 중에 프랑킨센스와 라벤더를 캐리어오일에 섞어서 예민해져 있는 오빠의 등과 손, 발에 묻히고 그 부위를 부드럽게 만져 주었습니다. 제가 할 수 있는 일은 그것밖에 없었습니다.

　저는 처음으로 오빠의 손과 발을 만졌습니다. 백혈병 말기였던 오빠의 등은 뼈 모양이 드러난 채 살가죽만 덮여 있었고 손과 발은 백지장처럼 하얗고 차가웠습니다. 처음에는 힘들 거라고 제

손길을 거부하던 오빠가 기력이 떨어졌는지 제가 하는 대로 몸을 내맡기고 있었습니다. 그저 쥐면 부서질 것 같은 오빠의 발을 마사지하던 저는 오빠가 깊이 잠든 것을 알았습니다. 잠투정하는 아이처럼 보채던 오빠는 어느새 잠들어 있었습니다.

오빠는 세상을 떠나던 날까지 저의 향기 마사지를 좋아했습니다. 그런데 그조차 많이 해 드리지 못했습니다. 생활이 바빴기도 했지만 오빠가 그리도 허무하게 떠날 줄은 몰랐던 거지요.

이미 병이 깊어진 상태였기에 골수이식도 할 수 없었던 오빠는 그래도 일반 병실에서 평온하게 자신의 마지막 숨까지 몰아쉬고 가실 수 있었습니다.

그때 제가 사용했던 아로마오일은 아기 예수께 동방박사들이 예물로 바쳤던 유향이었습니다. 유향은 학명이 프랑킨센스입니다. 프랑킨센스는 진통 효과가 뛰어나 고대이집트에서부터 인도의 아유르베다요법, 한방요법에 이르기까지 진통, 항암, 진정 효능을 인정받아 오는 향기입니다.

마음에도 작용을 해 분노나 강박관념, 우울증 등에 도움이 됩니다. 같은 효능을 가진 진통과 이완, 분노 해소를 하는 라벤더와 함께 섞은 덕분에 시너지 효과가 더 난 듯합니다.

오빠가 떠나고 난 뒤, 저는 많은 생각을 했습니다. 고통받고 있던 병동의 많은 분이 떠오르며 이 향기 요법을 세상과 나누어야 겠다는 생각이 들었습니다. 그 이후로 저는 호스피스를 하는 분들을 대상으로 향기명상 강의를 하게 되었습니다. 향기가 생의 마지막 순간을 맞은 분들의 몸과 마음의 통증을 덜어 드리는데 도움이 될 것 같아서입니다. 이미 많은 분이 향기 공부를 하고 호스피스 활동에 적용해 사랑을 나누고 있습니다.

그중에 한 가지 예를 들겠습니다. 지금 호스피스 단체에서 회장직을 맡고 있는 분의 체험담입니다.

세 자매 중에 막내가 유방암으로 살아갈 날을 얼마 남겨 두지 않고 있었답니다. 세 자매 중에 제일 큰언니가 미국에 살고 있어서, 회장님이 찾아간 다음 날 큰언니가 한국에 도착하기로 되어 있는데 이미 환자는 위독한 상태였습니다. 간병하는 둘째언니는 큰언니가 오는 다음 날까지만이라도 막내가 버텨 주었으면 좋겠다며 눈물지었답니다. 일찍 조실부모한 두 자매에게 큰언니는 엄마와 같은 분이었다고 합니다.

산소 호흡기에 의지한 채 간신히 생명줄을 잇고 있는 환자를 바라보며, 회장님은 달리 해 줄 일이 없어서 가지고 간 여러 향기를 섞은 오일로 손과 쇄골을 아주 부드럽게 마사지하기 시작했다고 합니다.

회장님도 프랑킨센스와 라벤더를 주로 섞어서 사용하십니다. 가늘게 숨을 몰아쉬던 환자가 얼마쯤 지나 눈을 뜨더니 몸을 일으켜 달라는 신호를 보내더랍니다. 둘째언니와 회장님은 놀라서 환자를 조심스럽게 일으켜 앉혔더니 힘없는 손으로 등을 마사지해 달라는 시늉을 하더랍니다. 그래서 서둘러 옷을 젖혀 등을 보았답니다. 마치 뱀 허물처럼 변한 등은 눈물 없이 바라볼 수 없더랍니다. 원하는 대로 회장님이 등을 아주 부드럽게 마사지해 주었더니 환자가 이번에는 사타구니 부위를 해 달라고 요청하더랍니다. 당황한 둘째언니가 자신이 해 보겠다고 해 오일 병을 건네주고 병실을 나오는데 가슴이 미어지더라지요.

    며칠 후, 그 둘째언니가 회장님께 전화를 했더랍니다. 그날 밤을 넘기지 못할 거라 했던 막내 동생이 그 이튿날까지 생명을 놓지 않고 있다가 큰언니를 만나 보고 나서야 평안히 눈을 감았다고 참 감사하다는 말을 하더랍니다. 꺼져 가는 불꽃을 일으켜 세워 드렸던 것이지요.

    이런 예는 수없이 많습니다. 마지막 가는 길을 보살피는 호스피스들에게 아로마오일은 환자들의 통증 제어와 마음의 평화를 주는 도구가 될 뿐만 아니라 봉사하는 자신들의 마음 치유도 할 수 있는 고마운 자연의 선물입니다.

얼마 후면 오빠의 기일이 돌아오는군요. 허덕대는 일상 속에서 살기 바빠 오빠와 많은 시간을 보내지 못했던 것이 참으로 아쉽습니다.

초등학교 교재를 타 오면 달력 종이를 찢어 모서리까지 반듯하게 책 표지를 싸 주고 길고 멋지게 연필심을 깎아 주던 오빠의 모습이 떠오릅니다. 자전거 앞에 나를 태우고 동네를 씽씽 달려 주고 아침 일찍 공터에 데리고 나가 배드민턴을 가르쳐 주곤 했던 오빠가 지금도 참 그립습니다.

오늘은 제가 사랑하는 빨간 아로마오일램프에
티라이트 초를 켤 생각입니다.
그러고 나서 그 위에 오빠와 마지막을 함께했던
프랑킨센스를 떨구고 명상을 하고 싶습니다.

작은 숲

저는 원래 사람 이름뿐만 아니라 사물 이름도 잘 기억하지 못하는 편입니다. 꽃도 그렇습니다. 향기명상을 하면서도 야생화 종류를 그다지 많이 알지 못합니다.

그저 풀이면 다 좋고, 꽃이면 다 좋습니다. 그것이 귀한 것이거나, 흔하디흔한 잡초여도 저에게는 별반 문제가 되지 않습니다. 무엇이든 이 세상에 나온 것은 다 저마다 숭고한 목적의식이 있을 것임으로 그 자체로 경이롭다고 느끼곤 합니다.

그래서인지 마당에 파프리카, 피망, 가지, 상추, 쑥갓, 곰치, 감자, 옥수수, 호박, 토마토 등과 같은 채소를 심어 놓고도 풀을 한 번도 뽑아 주지 않았습니다. 풀도 먹고살아야 하는 것 아닌가 싶어서 그 채소들과 사이좋게 지내라고 놔두었습니다.

올해는 특히 가물어서 아침저녁 기다란 호수로 물을 마당 가득 뿌려 주곤 했습니다. 물론 잡초도 물을 흠뻑 마시고 무럭무럭 자랐습니다. 명아주, 강아지풀, 제비꽃, 민들레, 까마중 등이 무성하게 자랐습니다. 그중에서 제일 많은 것은 명아주와 까마중이었습니다. 까마중은 어릴 때 본 적이 있어서 아직은 영글지 않은 연둣빛 열매가 언제나 까맣게 익을까 오가며 들여다보곤 했지요. 나날이 우거져 가는 숲을 보며 행복해하곤 했습니다.

그간에도 지인들이 다녀갈 때마다 잡초라며 한 무더기씩 벌초를 해 주고 가면 감사하다고 하면서도 마음은 무척이나 아려서 뿌리를 하늘로 하고 널브러져 있는 풀들을 보면 가슴이 아팠습니다. 단지 인간에게 별로 도움이 되지 않는다는 이유로 저렇게 처참히 버려지는구나 생각하니 그 편파적인 잣대로 희생된 생명들에게 미안했습니다. 그렇게 사람들의 눈을 피해 가며 살아남은 많은 잡초는 이제 길을 가려 버려서 마당에 들어가려면 마치 밀림을 헤치듯이 무성한 가지를 제쳐야 할 정도입니다. 뒤늦게 이파리를 내고 있는 등나무 역시 장맛비에 기세 좋게 세력을 확장하고 있습니다. 그 숲에 들어가면 경이로움이 느껴질 정도입니다.

그러던 어느 날, 존경하는 은사님이 오셨습니다. 마당을 보시더니, 비가 오는 중인데도 불구하고 우산을 받고는 그 풀들을 뽑기 시작하시는 것입니다. 그렇게 잡초가 무성하면 채소가 영양분을 다 빼앗겨 자랄 수도 없고 장마가 끝나면 창궐할 모기들은 어쩔 거냐고 하시며, 동네에서 민원을 넣을지도 모른다고 하셨습니다.

아, 저는 굴복했습니다. 은사님의 말씀이니 따를 수밖에 없었고 모기가 창궐할 거라는 말씀에 그만 승복했지요. 그럼에도 불구하고 저는 아직 마당의 풀을 뽑지 않고 있습니다. 조만간 뽑기는 하겠지만 말입니다.

마당을 보면 신기합니다. 풀꽃들도 가만히 들여다보면 매우 완벽하게 아름답습니다. 작고 앙증맞은 꽃의 대칭이 어쩌면 그리도 환상적인지요? 이들 색깔의 배합을 어느 예술가가 따라잡을 수 있을지요. 작으면 작은 대로, 크면 큰 대로, 많으면 많은 대로, 적으면 적은 대로 그들은 매우 사랑스럽고 완전합니다.

이른 봄의 작은 매화나무와 사과나무에서 피던 핑크빛 꽃들이 지면서 희고 붉은 장미와 찔레꽃, 꽃잔디들이 피어나고 지더니 뒤를 이어 달맞이꽃, 치자꽃, 수국이 연신 피어났습니다. 그 꽃들이 지고 나서는 미처 수확하지 못 한 쑥갓꽃, 상추꽃, 아욱꽃이 피었습니다. 그러더니 이제는 수경식물인 부레옥잠꽃까지 연보랏빛으로 피어나고 있습니다.

그다지 크지 않은 마당에서 이 무슨 호사를 누리는 것일까요?

저도 행복하지만 우리 집 고양이 아깽이는 마당 숲을 헤치고 다니는 것이 마치 밀림의 왕자 레오가 된 듯합니다. 키 큰 풀 무더기를 점프하면서 다니는 모습은 마치 작은 표범을 연상케 합니다. 그래서인가요? 아깽이도 스스로 착각을 하는지 아침마다 작은 동물을 사냥해 옵니다.

처음에는 나비에서부터 시작해 참새, 쥐, 어제는 매미까지 잡아 왔습니다. 어느 것 하나 용납할 수 없지만 어젯밤에 매미를 잡아 왔을 때는 필사적으로 살려 냈습니다. 그 매미가 여름철 잠시 살기 위해 얼마나 긴 인고의 세월을 땅속에서 보내는지 아깽이가 안다면 아마도 그리 하지는 못했을 것입니다. 매미를 다시 마당 숲으로 돌려보내기는 했지만 잘 살아 낼지 의문입니다.

올봄, '고도원의 아침편지 깊은산속옹달샘'에서, 좋게 말하면 야생화지만 보편적인 개념으로 풀꽃 씨앗을 30여 종 얻어다가 마당에 뿌렸습니다. 황량한 겨울 벌판 같은 마당을 바라보며 이제나저제나 언제 새싹이 나올까 고대한 저로선 잡초이거나 약초이거나 세상에 나와 준 것만으로도 대견하고 기특할 따름입니다. 식물이 많아서인지 벌레도 많습니다. 개미를 위시하여, 지렁이와 작은 미생물도 풍부합니다. 그 모든 생명에게 저희 집 마당은 천국입니다.

작은 연못의 연잎 위로 빗방울이 떨어져 맺히고 그 물방울은 연못 주변에 파문을 일으킵니다. 그사이로 언뜻언뜻 주황빛 금붕어들이 보였다가 사라집니다. 그야말로 작은 여름 숲이 마당에 있으니, 어디 멀리 숲을 찾아갈 일도 없이 그저 이곳이 숲 속입니다. 명상 공간으로 마련된 이층 마루에서 내려다보는 빗줄기 또한 환상입니다.

키 큰 감나무와 자두나무에 달려 있는 열매들과 그사이를 오르내리는 참새 무리들, 그들 모두가 어우러지는 풍경을 바라보는 그 자체가 바로 명상입니다. 오는 분들에게 넉넉히 내주고도 넘치도록 남아 결국은 꽃을 피우고 씨앗을 맺는 상추와 쑥갓, 늘씬한 몸매의 아욱이 장맛비에 이리저리 흔들리는 모습 또한 갈대밭이 아니어도 장관입니다.

저는 이렇게 행복에 젖어있습니다만 저를 사랑하는 많은 분들께 염려를 끼치는 것이 송구해 내년에는 허브로만 마당을 가꾸어 볼까 생각 중입니다. 교수님께서 허브가 아주 잘 자란다고 귀띔을 해 주셨으니 용기를 내 심어 봐야겠습니다. 그리고 어차피 제 땅에 몸을 풀은 저 풀꽃들은 제 수명이 다할 때까지 두고 보고 싶습니다.

어떠십니까? 도심 속 작은 숲에 한번 놀러 오지 않으시겠습니까? 풀 향기가 환상의 세계로 인도할 것입니다.

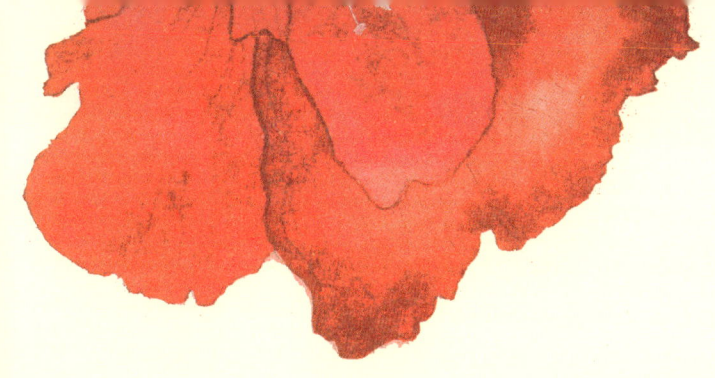

풀꽃들도 가만히 들여다보면
완벽하게 아름답습니다.
작고 앙증맞은 꽃의 대칭이
어쩌면 그리도 환상적인지요?
이들 색깔의 배합을 어느 예술가가
따라잡을 수 있을는지요.
작으면 작은 대로, 크면 큰 대로
많으면 많은 대로, 적으면 적은 대로
그들은 매우 사랑스럽고 완전합니다.

페퍼민트와 아깽이

저희 집에는 아깽이라는 이름의 페르시안 클래식 종의 고양이 한 마리가 있습니다. 아이의 생일 선물로 사 준 1개월된 아기 고양이가 이제 2년이 지나 어른 고양이가 되었습니다. 그래도 이름은 아직까지 아기 때의 이름 그대로 '아기괭이'의 준말 '아깽이'입니다.

아깽이의 평상시 별명은 '명상 고양이'입니다. 사람들이 오면 혼자서 자고 있거나 창틀에 앉아 해바라기를 하며 하루 종일 조용히 있습니다. 가끔 인도에서 가져온 차임모빌을 건드려 아름다운 소리를 듣고 있기도 합니다. 그야말로 명상하는 명상 고양이입니다.

어느 날부터 명상 고양이 아깽이의 본능이 살아나기 시작했습니다. 처음에는 봄이 되어 마당에 피어난 꽃들을 찾아온 나비들을 잡기 시작했습니다. 잡아서 어떻게 하냐구요? 먹습니다. 얼마쯤 지나자 이번에는 아침마다 참새를 잡아 왔습니다. 마치 전리품을 보여 주는 군사마냥 눈을 반짝이며 파닥이는 참새를 물고 들어오는 것입니다. 그야말로 '오! 마이 갓!'입니다. 다행히 먹지는 않습니다. 그저 사냥이 주는 기쁨을 누리는 것이지요.

점잖게 그러면 안 되는 거라고 타일러도 보고, 체벌을 가할 거라고 윽박지르기도 하고, 사료와 간식 등 일체의 음식 공급을 끊겠다는 협박도 해 보았지만, 소용이 없었습니다. "일찍 일어난 새가 먹이를 얻는다."는 속담이 무색하게, 일찍 먹이를 먹으러 온 부지런하고 성실한 참새들은 아깽이의 표적이 되었습니다.

세 마리가 연이어 희생되자 저는 특단의 조치를 취해야 싶었습니다. 주변의 의견을 듣고 결정했습니다. 아깽이 목에 방울을 달기로요. 참새를 향해 뛰어가는 순간, 방울 소리가 날 것이고 그러면 참새들이 도망갈 시간적인 여유를 벌게 될 것이라는 계산에 서였지요.

제 예상은 적중했고 그 뒤로 아깽이는 참새를 한 마리도 잡을 수 없었습니다. 더불어 소리 없이 다니는 아깽이 때문에 놀란 적이 많았는데 방울 소리로 소재를 파악할 수 있어서 부수적인 이득도 보았습니다.

그 이후로 아깽이는 마당에 내려와 먹이를 먹는 참새를 보고도 달려가지 않았습니다. 달려가도 소용이 없다는 것을 깨달은 영리한 아깽이는 참새들이 노는 모습을 그저 관조할 뿐이었습니다. 집 안에 평화가 감돌고 목에 방울을 단 아깽이도 자신의 현실에 잘 적응해 나가고 있었습니다.

그러던 어느 날 아침입니다. 아침에 잠이 깨 거실로 나갔습니다. 어렴풋이 방문 앞에서 아깽이가 한 번 '야옹' 하는 소리를 들은 것 같기는 했습니다만 별생각 없이 방을 나섰습니다. 거실 바닥에는 토실토실한 쥐 한 마리가 누워 있었습니다. 아깽이는 포획한 사냥감을 가져다 놓고 이미 사라지고 없었습니다.

누워 있는 쥐를 보고 놀라서 입을 틀어막고 있던 1분도 되지 않은 짧은 시간에 제 머릿속에는 수많은 생각이 명멸했습니다.

'세상에 요즘도 쥐가 있구나.'

'고양이가 쥐를 잡는다더니 사실이구나.'

'이게 몇 년 만에 보는 쥐냐? 아깽이는 도대체 어디 간 거야….'

그러다가 퍼뜩 생각이 난 것입니다.

옛날 우화에 쥐들이 모여 출몰하는 고양이 퇴출 대책 회의를 열다가 고양이 목에 방울을 달자는 멋진 해결책을 내고도 정작 방울을 달러 갈 용사가 나오지 않아 난감해하는 그 장면이 말이지요. 그러면 목에 방울을 단 아깽이에게 잡힌 쥐는 어떤 쥐냐는 의문도 들었습니다. 목에 방울을 단 고양이는 있을 수 없다는 생각을 주입당한 쥐일까요? 아니면 고양이라는 존재 자체를 모르고 있는 무지한 쥐였을까요?

답답한 마음에 쥐를 물어다 놓는 고양이의 심리에 대해 검색을 해 보았습니다. 아, 그런데 이게 웬일입니까? 고양이가 쥐를 물어다 놓는 것은 주인에게 선물을 주는 것이랍니다. 고양이의 보은이라나요? 그러면 그동안 참새도?

아깽이에게 말했습니다. 이제는 네 마음만 받겠다고요. 정말 고민입니다. 워킹홀리데이를 경험하러 떠난 아들아이가 호주에서 돌아오면 되돌려 줘야 하는 아깽이를 어찌할 수도 없고요. 고양이의 생존 본능을 달리 말살할 수도 없습니다. 강아지처럼 목에 줄을 묶어 기둥에 매어 놓는 방법을 심각하게 고려하는 중입니다.

아깽이를 통해 통찰을 배웁니다. 지금 이 순간에 몰입하여 온전히 존재하는 것, 바로 명상의 정수이지요. 아갱이에게는 어제도 없고, 내일도 없습니다. 지금 이 순간만이 아갱이의 모든 세상입니다. 후회하는 일도 없고 헛된 꿈을 꾸지도 않습니다. 온전히 자신만의 특성에 맞게 행동합니다. 싫으면 확실하게 싫은 표시를 냅니다. 좋으면 온몸으로 좋다고 표현합니다. 아갱이는 늘 맛있게 먹고 열심히 놀고 늘어지게 잡니다.

아갱이의 내어 맡김이 참 좋아 보입니다. 자기 본능에 충실한 모습이 때로는 난감하지만 부럽기도 합니다. 오늘 나는 얼마나 나 자신에게 충실했는지요? 과연 나의 영혼이 기뻐하는 대로 살았는지 잘 모르겠습니다.

오늘 나를 위한 마법의 레시피는 페퍼민트입니다. 페퍼민트 향기는 상쾌하면서도 시원해서 마음과 정신을 맑게 하고 이성을 찾도록 도와줍니다. 졸음을 방지하고 정신 집중에 도움을 주어 운전할 때나 컴퓨터 작업을 할 때 도움이 되는 향기입니다. 정신적인 피로와 우울증에도 도움을 주는 페퍼민트는 애완동물들도 좋아합니다.

50밀리리터 스프레이 공병에 에센셜오일 열 방울을 넣고, 솔

루빌라이저나 약국에서 파는 에탄올 소독액을 스무 방울 넣은 다음 나머지를 생수로 채워 흔들어 보십시오. 멋진 스프레이가 만들어집니다. 내 몸에도 뿌리고 애완동물의 집 안에도 뿌려 주면 상큼하고 쾌적한 공기를 만들 수 있습니다.

향기, 변화시키다

알고 보니 매 순간 우주는 내가 영혼세계에서 원하던 것을
얻을 수 있도록 충실히 약속을 이행하는 중이었습니다.
모든 장소와 모든 만남을 통해서 나에게 배움을 주고 있었습니다.

영혼이 기뻐하는 일

사람이 육신을 입고 이 세상에 태어날 때, 영혼세계에서 계획한 프로그램을 기억하지는 못합니다. 영혼세계의 플랜을 기억하는 것은 육신으로 충실히 살아가는데 그다지 도움이 되지 않기 때문입니다. 살다 보면 우리는 분노나 외로움, 실망감과 배신감으로 인해, 가슴 아픈 순간을 경험하기도 합니다.

마치 벼랑 끝에 까치발을 하고 서 있는 심정으로 하루하루를 살아 내고, 들숨과 날숨의 교차점에서 아득히 숨이 쉬어지지 않는 고통과 공포를 견뎌 냅니다. 그러나 살다 보면 이러한 경험들이 반드시 부정적인 것만은 아닌 것을 알게 됩니다.

영원히 끝나지 않을 긴 터널처럼 보이는 인생의 어두운 측면이 사실은 모두 깨달음으로 가는 통로였음을 알게 됩니다.

알고 보니 매 순간 우주는 내가 영혼세계에서 원하던 것을 얻을 수 있도록 충실히 약속을 이행하는 중이었습니다. 모든 장소와 모든 만남을 통해서 나에게 배움을 주고 있었습니다.

결코 우연히 다가온 것은 아무것도 없었습니다. 부모나 형제자매, 친구, 배우자, 자식, 동료 등 내 인생의 일부분을 함께한 사람들은 모두 내가 누구이며 이 세상에 무엇을 경험하기 위해 왔는지 알려 주는 메신저였습니다.

육신과 영혼은 분리되어 있지만 하나입니다. 이 둘은 다른 말로 에고와 참나로 표현되기도 합니다. 소아와 대아, 가아와 진아, 의식과 순수의식, 물질세계와 영혼세계 등 표현은 여러 가지입니다. 내가 에고만이 아닌 본래 진아임을 알게 되었을 때, 그 자리에서 삶은 다른 빛으로 내게 드러납니다.

에고는 더 이상 파괴하고 부수어 버려야 하는 타도의 대상이 아닙니다. 에고가 겪고 있는 증오나 시기심, 경멸, 공포와 같은 부정적인 감정들 역시 사랑과 자비, 기쁨과 같은 감정과 마찬가지로 충분히 겪어 알고 체험해야 할 동전의 다른 면임을 알게 됩니다.

어둠이 죄악과 공포, 사악한 존재로 치부되기보다 빛의 다른 측면으로 받아들여야 하는 것도 알게 됩니다. 이 세상은 어둠이 있어야 빛이 드러나고, 밤과 낮, 밀물과 썰물, 음과 양이 서로 같은 존재의 다른 표현임을 알게 됩니다. 궁극적으로 불과 물은 하나의 원소이며, 하나로 맞물리며 달리 드러난다는 것을 알게 됩니다.

이제는 더 이상 삶이 고해가 아니고, 단지 내 영혼이 육신으로 현현해 이 세상을 체험하고 있는 것을 즐기게 됩니다. 문제는 사라지지 않으나 문제를 바라보는 나의 시각이 달라집니다.

애벌레에서 고치의 어둡고 답답한 세계를 벗어나 나비가 되는 순간, 나비의 눈으로 애벌레의 장애물을 바라보게 됩니다. 넘지 못할 산이었던 작은 돌들과 나뭇가지들도 이제는 그저 장애물이 아닌 하나의 자연물임을 알게 됩니다.

질곡의 삶을 지나온 후, 신명 나서 열정적으로 일해도 기진하지 않는 소명을 찾게 됩니다. 그리고 의식은 순수의식이 되어 매 순간 깨어서 행동하게 됩니다. 이제는 무엇을 해야 할지를 알고, 자신이 가야 할 길을 기쁨으로 창조하며 가게 됩니다.

인생의 주인

오늘 하루, 어떻게 보내셨는지요? 얼마나 자기 자신에게 집중하며 시간을 보냈습니까? 아침에 일어나서 밤에 잠들 때까지 우리는 수많은 상념 속에서 하루를 보내게 됩니다. 매 순간 만나는 사람과 상황 속에서 나는 어떤 생각을 하고 있었는지 기억하도록 합니다. 모두 기억해서 기록해 보면 그 끊임없는 상념의 종류와 내용의 방대함에 매우 놀라게 될 것입니다.

우리의 시선은 언제나 밖을 향해 있습니다. 순간순간 보이는 상황마다 가치를 매깁니다. 이것은 내가 좋아하는 것이고, 저것은 내 타입이 아니라는 식으로 말이지요. 그 뿐만이 아니라, 나의 가치관에서 벗어나는 것은 마음에 들어 하지 않습니다. 단지 다를 뿐인데 틀린 것으로 간주합니다.

　나와 다른 사실을 지적하고, 그 지적한 것이 관철되지 않을 때 마음이 불편해집니다. 심지어 그 대상을 미워하고 싫어하기까지 합니다. 그리고 그것이 초래한 결과에 또다시 마음이 무거워집니다. 세상에는 좋은 것도, 나쁜 것도 없으며 이 둘은 아무 차이도 없습니다. 동일한 어떤 것이 어떤 때는 좋을 때도 있고 어떤 때는 나쁠 때도 있습니다. 단지 각 단계에 따라 다르게 인식될 뿐입니다.

우리는 자기 자신을 진화시킬 책임이 있습니다.
인정하고 싶지 않을지도 모르지만 이 삶에서 진행되는
인생의 모든 시나리오는 내가 쓴 것입니다.
나 자신이 선택하고 결정했습니다.
내가 태어날 나라와 부모 그리고 가족을 선택했습니다.
그러기에 내 인생에 대한 책임은 온전히 내게 있습니다.

내 인생의 주인은 나이며, 당연히 다른 사람의 인생은 그 사람이 주인입니다. 내가 다른 사람의 인생에까지 끼어들어 주인 노릇을 할 필요는 없습니다. 각자 나름대로의 이유로 이 삶을 계획하고 선택했을 테니 내가 그 결정에 옳고 그름이나 좋고 나쁨을 간섭할 필요는 없지요.

살면서 만나는 모든 일과 사람들은 반드시 내가 배우고 체험해야 할 메시지를 가지고 있습니다. 그것을 알아차리고 수용할 때 우리의 삶은 진화하는 과정에 들어섭니다.

우리의 시선은 언제나

밖을 향해 있습니다.

순간순간 보이는 상황마다

가치를 매깁니다.

이것은 내가 좋아하는 것이고,

저것은 내 타입이 아니라는 식으로 말이지요.

그 뿐만이 아니라

나의 가치관에서 벗어나는 것은

마음에 들어 하지 않습니다.

단지 다를 뿐인데 틀린 것으로 간주합니다.

 삶의 방향

　우리는 이 삶에 오기 전 영혼 세상에서 플랜을 짠다고 합니다. 즉, 시나리오를 쓰는 것이지요. 부모는 어떠어떠한 분이고, 배우자는 어떤 사람이고, 자녀와 직업 등 주인공인 나를 둘러싼 조연들을 택하고 대략적인 시나리오를 만들어 온다고 합니다.
　시나리오는 자신의 지난 삶에서 경험하고 배우지 못한 주제를 선택하여 그것을 가장 잘 이루어 낼 수 있는 요소를 넣어서 계획합니다.

　미국의 정신과 의사 브라이언 와이즈 박사에 의하면 이 시나리오에도 당사자의 성격이 반영되어 있다고 합니다. 그래서 꼼꼼

한 성격을 가진 사람은 시나리오도 아주 세밀한 부분까지 꼼꼼하게 정해서 오고 성격이 치밀하지 않은 사람은 시나리오도 대충 커다란 틀만 정해 온다고 합니다.

또 다른 측면에서 볼 때, 환생하는 횟수가 적은 영혼은 아직 익숙하지 않기 때문에 마치 해외여행처럼 작고 세밀한 부분까지 결정해야 안심하고 태어날 수 있으며, 이미 여러 차례 환생해서 익숙해 있는 영혼은 인생의 시나리오를 여행지를 탐험하듯 큰 틀만 정해 가지고 온답니다.

자신이 어떤 종교를 가지고 있든지 이 영혼의 시나리오를 한번 생각해 봐도 좋을 듯합니다. 나는 어떤 주제를 선택해서 이 삶에 온 것일까? 배신과 용서를 체험하기 위해서였나? 가슴 아픈 사랑이나 극도의 슬픔, 외로움, 박탈감을 느끼기 위해서였나? 등을 말이지요.

살면서 경험하는 모든 상황과 만남은 우연히 다가오는 것이 아닙니다. 어느 순간 모든 것은 우연을 가장한 필연으로 내게 다가온 것을 느낄 수 있습니다. 그 모든 만남과 상황이 내게 주는 의미는 무엇인지 생각해 볼 필요가 있습니다.

이미 일어난 일을 부정하고 거부하기보다 그것이 주는 의미를 찾게 되었을 때, 이미 우리는 그 하나의 과제를 달성하게 됩니다. 그것이 어떠한 것이든 이제는 반복해서 경험하지 않아도 되지요. 그러나 자신에게 왜 이런 일이 일어나는지 알아차리지 못한다면 아마 그 일은 형태와 상황을 바꾸어 계속 다가올 것입니다. 그것도 갈수록 강도가 심해져서 말이지요.

예를 들어, 직장 내에서 자신과 코드가 맞지 않는 어떤 성격의 사람을 싫어한다고 칠까요. 부서를 옮겨도, 직장을 바꾸어도 또다시 그런 타입의 사람을 만난다면 자신이 그 사람과의 만남에서 어떤 부분을 체험해야 하는지 잠시 생각해 보아야 합니다. 그 답을 터득할 때 비로소 그 체험에서 벗어나게 됩니다. 그것을 저는 '바보가 도 트이는 순간'이라고 말합니다. 바로 '아하!' 하는 것이지요.

이러한 생각을 전제로 하여 지금까지 살아온 자신의 시나리오를 한번 생각해 보는 것은 어떠신지요? 나와 깊게 관련돼 있는 가족들, 직장이나 학교, 만남과 경험, 그리고 감정을 한번 떠올려 보는 것입니다. 먼저 자신의 탄생에서 유년기, 학창 시절, 성인이 되어서 지금까지를 눈을 감고 떠올려 보십시오. 마치 한 편의 영화를 보듯이 자신의 인생을 떠올려 보세요.

그리고 생각나는 자신의 시나리오를 노트에 적거나, 컴퓨터에 기록합니다. 표면적인 일과 함께 떠오르는 정신적인 흐름, 변화도 함께 적어 봅니다. 컴퓨터에 기록한 것은 출력해서 읽어 봅니다.

지금, 현재까지를 기록했다면 다음에는 자신이 앞으로 살아가야 할 미래의 시나리오를 한번 적어 봅니다. 이제까지의 흐름을 보면서 앞으로는 어떻게 전개되어 갈 것이지, 어떤 식으로 살고 싶은지 적어 보는 것입니다. 자신이 앞으로 하고 싶은 일, 되고 싶은 것, 소망하는 꿈도 넣어서 적습니다. 이렇게 앞날의 시나리오를 적어 내려가는 동안 여러 가지 감정의 흐름과 치유가 일어납니다.

어쩌면 앞으로 펼쳐질 인생이 자신이 적어 놓은 대로 이어질지도 모릅니다. 내 인생은 내 생각으로 얼마든지 변경할 수 있습니다. 왜냐하면 나는 내 인생의 시나리오 작가이며 감독이자 주인공이기 때문입니다.

이제까지 충분히 슬픔을 경험했다고 생각하면 이제는 기쁨을 경험할 수 있는 미래의 계획을 세워 보는 것입니다. 빈곤에서 풍요로, 바쁨에서 여유로움으로, 미움에서 사랑으로, 이렇게 바꾸어 보는 것입니다. 단, 바꾸기 이전에 자신이 체험했던 것들이 내게 주는 메시지가 무엇인가를 느껴야 합니다. 무조건 이제는 싫으니까 겪고 싶지 않다는 생각보다 그것을 통해 내가 무엇을 알아야 했는지를 통찰해야 합니다. 그러면 내가 바꾸고 싶어 하는 그것은 아주 자연스럽게 내게서 떠나갑니다.

이제 자신의 소임을 다한 그 주제들은 내 삶 속에서 더는 문제점으로 떠오르지 않습니다. 지금 이 순간, 지나간 날들의 상처가 내게 준 의미를 되새겨 보고 사랑과 감사함으로 떠나보냅니다. 지금 이 순간, 내게 다가올 날들의 의미 역시 사랑과 감사로 맞이합니다.

자신이 어떤 종교를 가지고 있든지
이 영혼의 시나리오를 한번 생각해 봐도 좋을 듯합니다.
나는 어떤 주제를 선택해서 이 삶에 온 것일까?
배신과 용서를 체험하기 위해서였나?
가슴 아픈 사랑이나 극도의 슬픔, 외로움,
박탈감을 느끼기 위해서였나? 등을 말이지요.

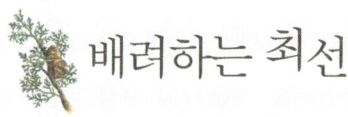 

배려하는 최선

'깊은산속옹달샘' 명상 프로그램 중에 '주말어린이링컨체험학교'가 있습니다. 어린이들이 부모와 함께 와서 하루 동안 하는 체험 프로그램인데 매주 100여 명이 넘으며 조기 마감됩니다. 그중에 제 담당이 '자연명상'입니다.

자연명상을 시작하기 전에 '첫 문 광장'이라는 곳에 모여 잠시 자연명상에 대한 간략한 안내 시간을 갖습니다. 내용은 숲에서 만나는 작은 생물과 나무, 풀들과의 만남에 관해서입니다. 그중에서 가장 중요한 것이 애벌레들과의 만남입니다.

숲에서는 봄에서 여름에 이르는 동안 많은 애벌레들이 활동합니다. 애벌레의 색깔이나 모양새도 다양합니다. 몸의 색은 베이지부터 연한 연두색, 조금 진한 초록빛, 무지갯빛 등 총 천연색입니다. 활동 무대도 다양하여 가지나 잎에 붙어 있는 것도 있지만 거미줄같이 가느다란 줄에 대롱대롱 매달려, 걷고 있는 숲길 한가운데로 하강하는 중인 것도 있습니다. 미리 안내하지 않으면 놀라서 소리를 지르게 되지요.

저는 어린이들에게 숲길을 걷는 도중에 애벌레를 만나게 되면 '안녕~.' 하고 인사를 하라고 합니다. 운이 좋으면 다양한 애벌레와 인사를 하게 될 수도 있다고 말해 줍니다.

또한, 거미에 대해 안내합니다. 깊은산속옹달샘 숲에 사는 거미는 몸이 아주 작고 자기 몸의 스무 배쯤 되는 매우 멋진 다리를 가졌는데, 이 거미는 나무 둥치나 낙엽에 거미줄을 치고 살기 때문에 땅 위를 기어 다닌다고 말해 줍니다.

한 걸음 한 걸음 발밑을 주의해서 걷지 않으면 거미를 밟을 수 있다고 말합니다. 어른 거미는 까만색이지만 아기 거미는 몸이 연두색이라고 말해 줍니다. 역시 거미를 만나면 '안녕~.' 인사하라고 합니다.

아울러 부모님들께 당부합니다. 혹여 어른들이 먼저 놀라거나 비명을 지르지 않기를 당부합니다. 본래 우리가 아닌 이 생물들이 이 숲의 주인이기에 그들을 해친다거나 그들의 삶에 방해가 되어서는 안 될 것이라고 당부 말씀을 드립니다. 이렇게 안내한 후, 지정된 명상 장소까지 이동하는데요. 참으로 경이로움의 연속입니다.

　애벌레를 만나거나 거미를 만난 어린이들이 '안녕~.' 하고 인사하는 맑고 경쾌한 소리가 숲을 낙원으로 만듭니다. 더 이상 애벌레와 거미는 어린이들이 혐오하는 대상이 아닙니다. 심지어 공중에서 내려오는 애벌레를 손등에 받아 들고 신기하게 들여다보며 눈인사를 하는 어린이도 있습니다.

　그 모습을 바라보는 어른들의 마음 또한 밝아지고 봄날의 햇살 같은 미소가 얼굴 가득 퍼집니다. 어른들도 아이들과 같이 애벌레들에게 '안녕~.' 하며 인사합니다. 아이와 함께 누가 애벌레와 더 많이 만나서 인사했는지 세어 보고 경쟁도 합니다. 사랑이 담긴 탄성 어린 인사들이 숲을 높은 파동으로 가득 채웁니다. 명상 장소에 도착하기 전에 이미 명상이 시작됩니다.

우리는 고정관념에 얽매어 살아갑니다. 우리는 외부로부터 받는 교육에 의해서나 스스로 습득해서 일정한 틀을 가지게 됩니다. 그 틀은 자신이 태어나고 자란 환경을 바탕으로 삶에서 경험하고 인식해서 마치 한 국가의 법률 같은 역할을 합니다.

　그 법의 범주 이탈 여부에 따라 옳고 그름의 판단 분별이 내려지며, 법은 자신과 타인을 정죄하는 폭군으로 자리를 잡습니다. 자신만의 잣대로 가늠하여 분노하고 슬퍼하고 절망하고 기뻐하는 삶이 진행됩니다.

　어떤 것에 대해서 얽매이고 그 감정에서 벗어날 수 없을 때 그 이유를 찾아볼 필요가 있습니다. 각자의 삶 속에서 무엇은 어찌어찌해야 한다는 고정관념이 심긴 근원을 찾다 보면 의외의 기억과 맞닥뜨릴 수 있습니다.

　평소에는 전혀 인지하지 못했던 유년 시절의 사소한 느낌이 자신의 온 삶을 지배하고 있음을 발견하는 때도 있습니다.

　우리는 모든 것에 대해 사랑과 자비의 마음을 가질 필요가 있습니다. 그것은 타인을 위해서일 뿐만 아니라 자신을 위해서이기도 합니다. 생물이든 무생물이든, 그 모든 것은 저마다 삶의 이유를 가지고 이 지구상에 태어나기 때문입니다.

　나와 마찬가지로 그 모든 것은 최선을 다해 살아가고 있습니다. 빠르거나 느리거나, 아름답거나 추하거나, 그것은 내 기준에 머무른 판단이고 각자 나름대로의 세계에서 충실히 살아가고 있는 것입니다.

　오늘 누군가에 대해서, 또는 무언가에 대해서 간과하거나 용납할 수 없는 무엇이 있는지 살펴보기 바랍니다.
　그런 생각이 자리 잡게 된 근원의 지점까지 시간을 더듬어서 들어가 봅니다. 가는 도중에 만나는 모든 기억과 느낌에 마치 숲속에서 자연명상을 하는 어린이들처럼 '안녕~.' 하고 인사를 하기 바랍니다.
　어둡고 외롭게 자리하고 있던 과거의 아픈 기억과 상처가 사랑과 고마움의 빛으로 채워지는 것을 느낄 수 있습니다. 이제 그것은 더 이상 유기하거나 감추어야 할 부정적인 요소가 아닌, 내 삶을 풍요롭게 하는 자양분으로 변합니다.

어떤 것에 대해서 얽매이고

그 감정에서 벗어날 수 없을 때

그 이유를 찾아볼 필요가 있습니다.

각자의 삶 속에서 무엇은

어찌어찌해야 한다는

고정관념이 심긴 근원을 찾다 보면

의외의 기억과 맞닥뜨릴 수 있습니다.

평소에는 전혀 인지하지 못했던

유년 시절에 받은 사소한 느낌이

자신의 온 삶을 지배하고 있음을

발견하는 때도 있습니다.

 # 책임

산책을 하다 보면 문득 눈에 들어오는 작은 풀꽃이 보입니다. 무심코 풀꽃을 바라보면 어느 순간 풀꽃이 되어 있는 나를 느낍니다. 바람은 볼을 스치고 나는 그 바람결에 따라 흔들립니다. 작은 풀들도 숲처럼 우거져 보이고 세상이 더 넓어 보입니다. 문득 다시 본래의 나로 돌아오면 거기 풀꽃은 풀꽃으로, 나는 나로 있는 것을 봅니다. 이처럼 순간의 전이 현상은 참으로 많은 것을 생각하게 합니다.

자아와 대상이 뒤섞이는 순간 나와 너의 경계는 사라지고 하나가 됩니다. 물아일체의 상태이지요. 이제까지 나라고 생각했던 것의 경계가 허물어지는 것입니다.

이러한 자아와 대상이 뒤섞이는 것을 체험하기 위해서는 내가 사라져야 합니다. 완전한 몰입의 상태에서 나는 사라지고 대상만이 남습니다.

사람과 사람 사이에도 이러한 전이 현상은 간혹 일어날 수 있습니다. 대화하는 상대에게 몰입해 경청하다 보면 어느 순간 그의 아픔은 나의 아픔이 되어 통증을 느낍니다. 마음의 아픔이 전이되어 내 가슴이 아려 오며 나도 모르게 손이 가슴으로 갑니다. 그의 아픔에 나의 온몸이 공명합니다.

미카엘 엔데의 작품 속 주인공 모모처럼 아무 말도 하지 않았는데, 사람들은 위로받고 스스로 해결책을 찾고 돌아갑니다. 우리 곁에 누군가는 모모가 되어 주었으면 좋겠습니다.

우리 스스로 또한 누군가에게 모모가 되었으면 합니다. 그저 들어주는 것, 문제점도 지적하지 말고 해결책도 제시할 생각 말고 머릿속으로 무슨 이야기를 할까 계산하지도 말고 들어주면 좋겠습니다.

그저 그대로 느낍니다. 마음으로 바라봅니다. 그와 하나가 되어 그가 하는 말을 있는 그대로 느껴 봅니다. 그의 분노와 절망, 회한과 후회를 나도 같이 느껴 봅니다. 그리고 다시 내가 되어 그를 바라봅니다. 그렇게 바라보고 들어주다 보면 상대는 저절로 해결책을 찾게 됩니다. 문제는 그대로 있을지라도 그 문제가 지닌 심각성의 농도는 현저히 옅어집니다. 이때, 우리가 주의할 것이 있습니다. 대상과 하나가 되어 느끼고 난 후에는 반드시 나 자신으로 돌아와야 한다는 것입니다. 그래야 나의 에너지를 밝고 건강하게 간직할 수 있습니다.

자비심과 사랑의 마음이 깊은 한 분을 알고 있습니다.

이분은 심성이 참으로 고와 자신과 관계되는 누군가가 힘들어 하는 것을 간과하지 못합니다. 누군가가 가진 문제점 때문에 자신은 불면에 시달리면서까지 정신적, 물질적인 후원을 할 방법을 모색하기 시작합니다.

만나는 사람마다 그 사람에 대한 이야기를 합니다. 온통 어떻게 도와줄 수 있을지가 그분의 관심사요 일상이 되어 버립니다. 급기야 자신의 얼굴과 몸은 초췌해지고 마음은 우울해지며 도와줄 대상과 함께 고심에 빠집니다. 그분의 자아는 어디 가고 그 상대의 문제점만 그분 머릿속에 가득남습니다.

　이것은 대상과 하나가 된 후, 다시 본래 자신으로 돌아오는 길을 잃어버렸기 때문입니다.

　이렇게 해서는 대상을 도와줄 수 없습니다. 도와줄 수 있다고 할지라도 이쪽의 에너지는 고갈되어 버릴 뿐만 아니라 그 대상에게 도움이 되지 않습니다. 의외로 상대가 그다지 고마워하지 않을 수도 있습니다. 오히려 부담스러워하기도 합니다. 우리는 이런 경우를 종종 목격합니다.

　우리는 각자 자신의 삶을 결정하고 그 결정에 책임을 지고 살아갑니다. 각자 자신만의 우주를 만들어 그 안에서 창조하고 살아갑니다. 내 생각을 강제할 것도 없으며, 나의 제의가 받아들여지지 않는다고 섭섭해 할 필요도 없습니다.

　그는 그의 우주에서, 나는 나의 우주에서 서로 공존합니다. '따로' 또 '같이'입니다. 우리는 이 경계를 잘 알 필요가 있습니다. 자신의 삶에서 만들어지는 모든 일에 대한 책임은 어디까지나 자신에게 있습니다. 좋은 일이든 나쁜 일이든 모든 일은 자신에게 책임이 있습니다.

내 인생의 주인은 나이며, 당연히 다른 사람 인생의 주인은 그 사람입니다. 내가 다른 사람의 인생에까지 끼어들어 주인 노릇을 할 필요는 없습니다.

다른 사람은 나름대로의 이유로 이 삶을 계획하고 선택했을 테니 내가 그 결정에 옳고 그름이나 좋고 나쁨을 간섭할 필요는 없지요. 내가 어찌하겠다는 강제성이 없어야 합니다. 그것이 진정으로 그 대상을 돕는 길입니다.

다른 사람이 고통받는 것 때문에 마음이 힘든 그분에게 사랑스러운 향기 버가못을 권했습니다. 버가못 향기는 마음의 불안감이나 공황장애, 슬픔, 초조감 등을 완화합니다.

이 향기는 마음을 진정시키고 고양하는 신비한 성질이 있어서 우울증과 긴장 해소에 도움을 주는 향기입니다. 손수건이나 티슈에 떨구어 마음이 힘들 때마다 맡으면 생기를 되찾을 수 있습니다.

이제 그분은 어떤 상황에 함몰되지 않고 조금 떨어져서 관조할 수 있는 마음의 여유를 되찾았다고 합니다.

창조의 시간

우리는 자기 자신에 대해 자신 없어 합니다. 언제나 모자라고 못난 부분에만 마음을 씁니다. 남과 비교해 좀 더 나아져야 한다며 자신을 채찍질합니다. 쉬고 있을 때도 마음은 쉬지 못합니다. 초조하고 불안한 마음이 스스로를 지치게 합니다.

우리가 자신을 온전히 사랑할 수 있을 때, 다른 이 또한 자신처럼 사랑할 수 있으며, 두려워하지 않고 타인을 사랑하게 되었을 때 이 지상에서 얻을 수 있는 모든 배움을 마칠 수 있을 것입니다. 자신과 타인 그리고 다른 모든 것에서 사랑을 발견하게 될 때, 모든 것은 신의 다른 모습임을 알게 됩니다.

만약에 불행의 원인이 나에게 있는 것이 아니고 외부에 있다고 하면 외부가 바뀌지 않는 한 내 인생은 달라지지 않을 것입니다. 언제나 나는 끌려다니기만 하겠지요. 나의 의지와는 전혀 상관없이 말이지요. 그러나 내 인생에서 만들어지는 모든 일에 대한 원인과 책임이 전적으로 나에게 있고, 내가 나의 인생을 만든다고 한다면, 행복한 상태를 그리는 데 그리 오랜 시간이 걸리지 않을 것입니다. 지금 바꾸기로 결정하면 되는 것입니다.

이 삶의 주인공은 나입니다.
내가 결정한 것입니다.
내가 바꿀 수 있습니다.
지금 이 순간 내가 모든 것을 결정하고 바꿀 수 있습니다.
내가 마음먹기에 따라 모든 것은 변합니다.
왜냐하면 내가 이 삶을 계획했기 때문입니다.

사람은 자신이 생각한 대로 존재합니다. 어떤 것을 생각하면 그것이 이미지가 되어 눈에 보이지 않는 세계로 보내집니다. 이미지를 만들고 그것을 나의 에너지로 키우면 그 이미지에 생명이 깃듭니다. 그 생각은 나의 기분과 감정에서 영양을 섭취합니다. 그리고 이윽고 눈에 보이는 물리적인 차원으로 나타나게 됩니다.

내가 에너지를 보내면 그것이 무엇이든 힘을 얻게 됩니다. 나의 의식과 잠재의식에 들어 있는 정보가 나의 인생을 만듭니다. 보통 사람들은 생각하고 이야기하고 행동하는 것의 약 10퍼센트 정도만 의식하고 살아간다고 합니다. 하루 중에 나머지 90퍼센트의 시간은 자동적으로 생각하고 말하고 행동하겠지요.

우리가 원하는 것을 이루기 위해서는 이렇게 무심히 생각하고 행동하는 것을 확실히 의식할 필요가 있습니다.

의식은 표면 의식, 잠재의식, 초의식으로 나눌 수 있습니다. 표면 의식은 용량이 적어 기록의 대부분은 잠재의식에 보내집니다. 잠재의식에 기록된 것은 감정에 영향을 미치고 행동을 결정합니다. 잠재의식은 이성적인 사고 없이 자동 입력됩니다. 마치 계산기와 같이 숫자를 잘못 눌러도 누르는 대로 기억하고 계산해 냅니다.

잠재의식은 선악을 분별하지 않으며 알라딘의 램프에 나오는 요정 지니처럼 명령받은 대로 실천합니다. 단지 입력한 그대로 자동적으로 답을 내보낼 뿐입니다.

당신이 원하는 바를 잠재의식에 보내십시오. 목적지만 말하면 됩니다. 코스는 베테랑 운전기사가 알아서 갈 것입니다. 베테랑 운전기사에게 이리저리 가 달라고 시시콜콜 부탁하면 오히려 더딜 수 있습니다. 목적지를 말해 놓고 그저 편하게 등을 기대고 쉬면 됩니다.

초조하게 주먹을 쥐고 앞만 뚫어지게 바라보지 않아도 목적지에 도달할 수 있습니다. 들고 있는 짐은 편하게 옆에 내려놓아도 좋습니다. 차 안에서 동동거리며 뛰지 않아도 됩니다. 목적지만 정확하게 알고 말하기만 하면 됩니다.

눈물 치유

최근에 자살하는 사람이 급증하고 있습니다. 자살까지 하지는 않더라도 우울감에 빠져 있는 분들도 많습니다. 왜 우울해지는 걸까요? 슬픔이나 분노의 감정을 발산하지 못하면 점점 그 감정 에너지는 몸에 쌓이게 됩니다. 쌓이는 것이 임계점을 넘으면 생명 에너지의 흐름이 나빠져서 결국은 전체 에너지가 낮아지게 됩니다.

에너지가 낮아지면 파동이 무거워지고 몸과 마음은 무기력해집니다. 무엇을 보아도 감동이 없어집니다. 아무 의욕이 생기지 않아서 급기야 움직일 수 없게 됩니다. 몸은 냉하고 무거워지며 신진대사가 늦어져서 소화, 흡수, 배설도 원활하지 못합니다.

좀처럼 잠들기도 어렵고, 겨우 잠이 들었다고 해도 깊은 잠을 자지 못하고 도중에 깨게 됩니다. 이런 상태가 지속되면 마음은 점점 부정적이 되고, 누구와 만나기도 싫어져서 대인관계도 어려워집니다. 심해지면 자기 존재 자체까지 부정하며 자살 기도를 하기도 합니다. 이렇게 우울해지기까지는 몇 가지의 패턴이 있습니다.

연인이나, 배우자, 자식, 부모, 친구 등 가까운 사랑하는 사람을 잃었을 때 누구라도 우울증에 빠질 수 있습니다. 심한 충격을 받아 왜 이런 일이 일어나는지, 신도 부정하는 상태에 빠집니다. 믿고 있던 종교를 떠나는 경우도 많습니다.

사랑하는 사람을 잃은 슬픔에서 놓여나는 방법 중에 하나는 소리 내어 우는 것입니다. 남자니까 울음을 참아야 한다는 생각은 버리십시오. 소리 내는 것이 부끄럽다면 아무도 없는 곳을 찾아 울거나 자동차 운전 중에 갓길이나 한적한 곳에 차를 세워 두고 울면 됩니다. 아니면 쿠션 같은 것에 얼굴을 묻고 울어도 되겠지요.

중요한 것은 자신의 슬픔을 억제하지 않고 표현하는 것입니다. 평소에 억제하는 습관이 몸에 배어서 도저히 울 수 없는 사람은 슬픈 영화를 보면서 눈물샘을 자극해 보는 것도 괜찮습니다. 울 수 있는 계기를 마련하는 것도 좋습니다.

향기명상 강의를 할 때 마지막 5분 동안 유도하는 '자신과의 대화명상' 시간에는 많은 분들이 오열을 터뜨립니다. 자신의 이름을 부르면서 마음을 위로하는 순간 억눌렀던 울음이 터져 나옵니다. 마음껏 울 수 있도록 마련된 시간 속에서 봇물 터지듯 눈물과 흐느낌이 쏟아집니다.

특히 억제하고 살아오던 남성분들이 어깨를 들썩이며 오열합니다. 눈을 감고 있는 저의 몸 전체에 그분들의 파동이 밀려와 가슴이 떨리고 눈물이 차올라 옵니다. 우렁차게 울려 퍼지는 명상 음악의 음률에 힘입어 그분들은 외로움에 떨던 어린아이로 돌아가 울고 또 웁니다.

표현되지 못한 슬픔은 몸 전체의 파동을 낮춥니다. 세포 어딘가에 각인되어 단단하게 굳어 갑니다. 운다는 것은 약한 것을 의미하지 않습니다.

우리는 어릴 적에 울면 진다는 말을 들으며 자라 왔습니다. 절대 울면 안 된다고 말이지요. 특히 남자아이들은 울면 바보고

비겁하다는 생각까지도 합니다. 그러나 울면 치유됩니다. 울면 정화됩니다. 울면 우는 이유가 해소됩니다.

문제를 풀어서가 아니라 그냥 문제가 아닌 것으로 되어 버리고 맙니다. 울도록 허용하십시오. 자신에게도, 또 사랑하는 사람도 울 수 있도록 도와주시기 바랍니다.

그 눈물로 슬픔을 거름으로 한 아름다운 사랑과 평화의 꽃이 피어날 것입니다. 그 슬픔을 거름으로 삼은 꽃이 발산하는 향기는 아주 멀리 퍼져 나갈 것입니다. 그 향기는 나보다 더욱 고통스럽고 힘든 이들에게 용기를 주는 치유의 향기로 힘을 발휘할 것입니다.

눈 향기

바이칼 호수에 갔습니다. 그해에는 유난히 눈이 많이 내려서 바이칼 호수 위는 온통 하얀 눈으로 덮여 있었습니다. 함께 간 일행 모두 눈판에 넘어질세라 두툼한 방한화에 아이젠을 하고 호수 위를 걸었습니다.

두껍게 언 바이칼 호수 위에 앉아 명상을 하는 시간이었습니다. 일행은 모두 정좌하고 징 소리가 나자 명상을 시작했습니다.

얼마나 지났을까요. 시간이 흐르자 저는 서서히 발에 쥐가 났습니다. 바이칼 호수 위를 걷던 중 제 아이젠이 한 번 벗겨져 나가자, 일행 중에 한 분이 벗겨지지 않도록 단단히 졸라매 주었습니다. 그 상태로 가부좌를 틀고 앉아 있자니 방한화 속의 발에 피가 통하지 않았나 봅니다.

극심한 통증이 시작되었습니다. 영하 20도의 혹한에 얼었던 발은 졸라맨 쇠 아이젠 속에서 통증이 더해 가기 시작했습니다. 그렇지만 혹여 다른 사람의 명상에 방해가 될까 싶어 이를 악물고 참고 있었습니다.

고요한 바이칼 호수 위, 깊은 명상 상태에 빠져 있는 사람들 틈에서 혼자 일어나 버석거리는 방한복 소리를 내며 자리를 피할 용기가 나지 않았습니다. 더욱이 저는 명상하는 사람으로 알려진 상태였기에 그대로 일어선다면 체면이 서지 않는다고 생각했던 거지요.

고통은 극에 달해 이가 덜덜 떨리더니 나중에는 온몸이 부들부들 흔들리기 시작했습니다. 이대로 계속 참다가는 죽을지도 모르겠다는 생각이 들었습니다. 이제는 체면이고 뭐고 다 포기하겠다고 생각하고 일어서려는 바로 그 순간이었습니다. 어디선가 저 밑바닥 깊은 곳에서 무겁고도 장중한 마치 태곳적 소리와 같은 깊은 울림이 떵 하고 온 천지를 울렸습니다.

바이칼 호수의 얼음이 갈라지는 소리였습니다. 그 울림과 동시에 신비하게도 그토록 극심했던 발의 통증은 사라지고 몸의 떨림도 멈추며 지극한 평화가 온몸을 감싸고 있었습니다. 그와 함께 저의 몸은 마치 유연한 발레리나처럼 바이칼 호수 얼음 바닥 위에 사뿐히 숙여지며 얼어 있는 수면과 맞닿았습니다.

어찌 그럴 수 있는지 두꺼운 방한복 속 저의 뼈와 근육은 아주 유연해져 있었습니다. 지극한 평화와 따뜻함이 온몸을 녹이고 있었습니다. 그리고 내 안 깊은 곳에서 들려오는 소리가 있었습니다. 아, 내가 바로 그것이었습니다. 내가 바로 그것이었습니다. 내가 바로….

지금도 그 불가사의한 현상이 어떻게 일어난 것인지 까닭을 모릅니다. 어떻게 그처럼 절묘하게 타이밍이 맞아떨어졌는지를 말입니다. 어떻게 그 극심한 고통이 단지 호수 밑 얼음이 갈라지는 소리와 함께 사라질 수 있었는지 저는 아직도 모릅니다. 극한의 상황에서 나의 모든 것을 포기하는 그 순간, 축복처럼 온몸을 둘러싸던 그 부드럽고 따스한 에너지를 '무엇이다.'라고 명명할 수 없습니다. 정해진 명상 시간이 끝나고도 얼마 동안 그 지복의 시간에 머물러 있었습니다.

나중에 신발을 벗었더니 발가락은 거의 검게 죽어 있었습니다. 그러나 동상에 걸리지 않고 아무 탈 없이 멀쩡하게 눈 덮인 시베리아 벌판을 시베리아 횡단열차로 가로지르며 다시 이르쿠츠크로 돌아올 수 있었습니다.

여행을 떠나는 이유는 어쩌면 익숙한 일상에서 벗어나 예기치 않은 환경에서 벌어지는 어떤 선물을 기대하기 때문인지도 모르겠습니다. 낯선 이들의 삶 속에서 천사 미카엘의 미소를 찾는 것인지도 모릅니다.

　지금도 간혹 뜬금없이 눈 덮인 바이칼 호수와 수십 미터의 두꺼운 얼음이 갈라지던 그 장중하고도 깊은 울림이 함께 떠오릅니다. 그리고 호수 위로 몸을 밀착했던 순간에 느꼈던 눈 향기를 잊을 수 없습니다.

　　잠시 눈을 감고 명상합니다.
　　들숨…
　　날숨…
　　고요히 숨을 들이쉬었다가 내쉽니다.

　겨울날, 눈송이가 나풀거리며 내리는 것을 연상합니다. 연한 잿빛 하늘에서 눈송이들이 춤추며 내려옵니다. 각각의 눈송이들은 저마다 다른 몸짓으로 나풀거립니다. 나의 머리와 얼굴, 몸으로 그 눈송이가 내려앉는 것을 느껴 봅니다.

소매 위로도 눈이 내려앉습니다. 내게 앉아 쉬고 있는 눈송이를 바라봅니다. 아름다운 육각형의 결정체를 바라봅니다. 자연이 빚어낸 예술을 즐깁니다.

눈송이 하나하나의 아름다운 결정체는 어느 것 하나도 같은 것이 없습니다. 그러나 그 하나하나의 눈송이 결정체를 이루는 본질은 같습니다. 사랑이라는 같은 질료입니다. 내게로 다가온 사랑을 느껴 봅니다.

망막 가득 눈의 결정체로 채워 봅니다.
이 순간 눈과 하나가 되어 봅니다.
들숨…
날숨…
고요히 숨을 들이쉬고 내쉽니다.

향기, 함께하다

묘하게도 사랑에 빠져 있는 동안 서로 매력으로 보였던 부분들이
사랑이 약해지면 서로를 못 견디게 하는 요인이 됩니다.
처음에는 견뎌 보려고 노력하다가 서서히 상대를 바꾸려고 했던 자신의 마음을
포기하기 시작합니다. 이를 긍정형으로 '수용'이라고 하지요.

 갈등 녹이기

　많은 부부가 사랑해서 결혼합니다. 그러나 결혼하면 상황은 달라집니다. 꿈만 같았던 연애 시기와 잠깐의 달콤한 신혼 때가 지나면 서서히 갈등이 불거지기 시작합니다. 빠른 부부는 신혼여행지에서부터 갈등이 시작됩니다. 그 갈등은 아주 사소한 일에서부터 비롯됩니다.

　양말을 뒤집어 벗어 놓고, 옷을 아무 곳에나 벗어 둔다든지, 치약을 몸통 중간부터 짜는 것, 텔레비전이나 컴퓨터에만 몰입하고 있다든지, 정리정돈을 안 한다든지 등의 이유로 다툼이 시작됩니다.

　각자 태어난 지역과 자라면서 체험한 문화, 성장 배경이 다르기 때문에 발생하는 혼란입니다. 자고 일어나는 수면 패턴에서부터 식성의 차이, 부모나 형제자매와의 관계에서 형성되어 온 서로 다른 정서에서 비롯된 성격 차이가 서로를 힘들게 합니다.

묘하게도 사랑에 빠져 있는 동안 서로 매력으로 작용했던 부분이 일상생활을 하면서 서로를 못 견디게 하는 요인이 됩니다. 처음에는 견뎌 보려고 노력하다가 자녀들이 태어나고 같이 사는 기간이 길어지면서 서서히 상대를 바꾸려고 했던 자신의 마음을 포기하기 시작합니다. 이런 마음을 긍정형으로 '수용'이라고 하지요.

서로의 다른 점을 인정하고 상대는 내가 원하는 대로 바뀌지 않는다는 것을 받아들이기까지 걸리는 시간은 각자의 성향에 따라 다릅니다. 어떤 사람은 평생이 걸려도 받아들이지 못하기도 합니다. 평생 갈등의 점철입니다.

향기명상 강의 중에 에너지 측정을 위해 오링 테스트를 하는 시간이 있습니다. 1분 동안 사랑하는 사람을 떠올리는 명상 시간에 저는 배우자는 에너지가 떨어지니 떠올리지 말라는 멘트를 보냅니다. 심각하게 명상 자세를 취하고 있던 사람들은 그 말에 폭소를 터뜨립니다. 다들 공감한다는 표정으로 갑자기 유쾌한 파장이 퍼져 나갑니다.

　물론 에너지가 강해질 수도 있겠습니다. 그러나 스트레스로 작용해 약해지는 경우도 있을 것입니다. 남성분들은 부부싸움을 하고 직장에 출근하면 하루 종일 우울하고 기운이 없는 것을 느낍니다. 저녁이면 왠지 술을 마시지 못하는 사람도 술 생각이 나고, 이유를 만들어 일부러 귀가 시간을 늦추곤 합니다.

　그러다가 화해라도 하면 마음은 홀가분해집니다. 여성도 마찬가지겠지만 남성의 경우는 그 정도가 심합니다. 마치 엄마에게 야단맞은 아이가 되는 기분인 것이지요. 엄마에게 인정받고 칭찬받으면 힘이 나던 어린 아이처럼 아내에게 인정받으면 어깨가 펴지고 힘이 생깁니다.

　결혼 전 아이 아빠와 연애할 때, 저는 폭군이었습니다. 저는 책을 통해서 사랑이란 개념을 추상적으로 잘못 인지하고 있었습니다.

　사랑이라는 말은 평생 한 사람에게만 할 수 있는 것이고, 그 사람을 위해서는 자신의 목숨을 버릴 수도 있어야 한다고 생각했습니다. 그 환상적인 잣대는 저를 제외하고 상대에게만 적용했습니다. 편파적이고 일방적인 잣대였지요.

저는 그에게 군림했고, 끊임없이 힘들게 했습니다. 저에게 몰입하는 강도를 늦추는 것을 허용하지 않았습니다. 헤어지자고 요구하는 제게 사랑의 포로가 된 그는 눈물로 호소하고 자살하겠다고 협박했습니다. 저를 납치하기까지 하는 우여곡절 끝에 결국 그는 저와의 결혼에 성공했습니다. 성취 후의 허탈감에서였는지, 자신의 말대로 복수심에서였는지 몰라도 그는 차차 배신행위를 시작했습니다.

저는 사랑에 대한 환상을 가지고 있었듯이 결혼에 대한 환상도 있었습니다. 결혼을 하면 서로 신의를 지키며 목숨을 다해 사랑하고 지켜 주는 것인 줄 알았습니다. 대부분의 주례사 내용이 그렇듯이 말입니다.

결혼한 후, 제 사랑과 결혼에 대한 환상은 여지없이 깨지기 시작했습니다. 남편은 바람을 피우기 시작했고, 어느 날부터인가 끊임없이 걸려 왔다가 끊기는 전화가 하루 종일 이어졌습니다. 이상한 전화가 오는 것 같다고 말하는 내게 남편은 잘못 걸린 전화일 것이라며 벨이 울려도 받지 말라고 했습니다. 그때 저는 정말 그의 말처럼 잘못 걸려 온 전화인 줄 알았습니다.

그러나 그 끊어지던 전화는 남편이 상대와 관계를 끊으려고 하자 상대가 협박하는 전화였습니다. 계속 만나지 않으면 부인에게 자신들의 관계를 폭로하겠다고 한 것이지요.

여성들은 사랑에 빠지면 무섭습니다. 자기 자신과 가정을 버릴 수도 있습니다. 남자는 가정이 파괴될 것 같으면 관계를 정리하고자 합니다. 사랑의 시작은 같을지 몰라도 사랑이 끝나는 시기는 서로 달라 갈등을 빚고 사랑이 증오로 발전하는 것이지요.

서로를 애틋하게 사랑하는 사이에서 서로를 파괴하는 사이로 무섭게 변모해 갑니다. 이것이 사랑의 양면성이고 덧없음입니다. 여지없이 깨진 사랑과 결혼에 대한 환상 속에서 허탈해진 저는 다 놓아 버리려고 했습니다. 그러나 남편의 눈물 호소와 자살 협박 패턴이 다시 이어져 시달린 탓에 그를 다시 받아들이게 되었습니다. 그리고 생각했습니다. 남편의 아내로서가 아니라 아이의 엄마로서, 시어머니의 며느리로서만 살겠노라 마음을 먹었습니다.

잠시 평온한 생활이 지속되고, 이후 또다시 그의 방황이 시작되었습니다. 같은 사무실 여직원, 업무상 알게 된 유부녀, 동창회에서 만난 후배, 학원에서 만난 사별하고 혼자 살던 여자 등이 그 대상이었습니다. 관계가 드러난 것만도 다섯 번에, 짧게는 1년에서 몇 년에 걸친 긴 관계도 있었습니다.

우리는 왜 상대를 만나는 것일까요? 그전에는 몰랐습니다. 남편의 끊임없는 배신행위와, 관계가 발각된 뒤 이별을 고하는 제게 식음을 전폐하고 울며 매달리는 남편의 이율배반적인 행위가 반복되는 현실 앞에서 고통을 겪으면서도 결혼 생활을 지속하는 제 자신을 저는 이해할 수 없었습니다.

　재산이 많아서도 아니고, 집안이 명예로운 지위에 있어 떠나기 아까운 무엇이 있어서 그런 것도 아닌데, 저는 왜 이 자리에 있는지 알 수 없었습니다. 왜 그를 다시 받아들이는지, 왜 그는 수모를 겪으면서도 배신행위를 반복하는지 도저히 납득할 수 없었습니다.

　어느 날, 저는 이유를 알게 되었습니다. 그리고 그에게 말했습니다. 당신은 나의 큰 스승이고 당신에게 진정으로 사랑과 감사를 드린다고 말입니다. 이제는 서로의 배움이 끝이 난 것 같으니 이제 그만 나를 놓아 달라고 했습니다. 신기하게도, 그리 완강하게 버텨 왔던 남편은 저항하지 않고 제 부탁을 들어줬습니다.

　저는 22년간 긴 배움의 시간에서 벗어나 비로소 자유로워졌습니다. 그는 마지막으로 사랑에 빠진 누군가와 새 생활을 시작했고, 그러다가 2년 후에 골수이형성증후군으로 세상을 뜨고야 말았습니다.

시댁 식구들은 이야기하곤 했습니다. 그렇게 짧게 살다가 가려고 하고 싶은 짓 다 하며 살았는지도 모른다고요. 그는 가족들 사이에서 왕자였습니다. 아무도 그의 말을 거역하지 않았지요. 그의 어머니인 제 시어머니조차 말입니다.

우리는 이 삶에 오기 전에 자신의 인생 프로그램을 계획한다고 합니다. 자기 자신이 인생 각본의 작가가 되고, 주인공이 되며, 감독이 됩니다. 이번 삶에서 배워야 할 가장 중요한 주제를 선정하고 그것을 배울 수 있는 교육 환경과 조연을 적절히 선정합니다. 내게 상처를 주고 고통을 경험하게 하는 역할일수록 영혼세계에서 나를 가장 사랑하는 영혼일 수 있습니다. 악역 맡기를 선호하는 사람은 없으니까요.

내가 이 세상에서 배워야 할 덕목을 충실히 체험하게 하는 상대역이야말로 나를 가장 아끼는 영혼인 것이지요. 우리는 이 삶에서 배움을 마치고 영혼세계로 돌아가서 한바탕 웃는다고 합니다.

서로를 위해 계획했던 것을 깡그리 망각하고 그리도 서로 미워하고 분노했던 사실을 떠올리면서 말이지요.

내 삶의 화두가 무엇인지 알기 위해서 지금 자신이 가장 납득할 수 없는 것이 무엇인지 생각할 필요가 있습니다. 다른 것은 다 용납해도 이것 하나만은 안 되겠다는 것이 있다면 아마도 그것이 내 삶에서 배우고 체험해 이해되어야 하는 내 삶의 화두일지도 모릅니다.

지금 당신을 힘들게 하는 사람이 있습니까? 그러면 그분을 영혼의 눈으로 한번 바라봐 주십시오. 영혼의 눈이란 사랑의 마음으로 바라보는 것을 뜻합니다. 영혼은 사랑이며 빛이기 때문입니다. 사랑의 눈으로 바라보면 이제 내가 배워야 할 주제는 졸업하게 됩니다. 그 체험이 다시 반복될 필요는 없는 것입니다.

우리는 우연히 이 세상에 태어난 것이 아닙니다. 만남 또한 우연히 이루어지지 않습니다.

가족이라는 관계를 맺는 사이는 더욱 그렇습니다. 부모님과 형제자매, 배우자, 자녀는 영혼세계에서 우리와 약속하고 이 세상에 옵니다. 이 삶에서 살아가는 기반을 익히고 배우게 되는 유년 시절을 함께하는 부모님과 그 부모님을 떠나와 남은 삶을 함께 해야 하는 배우자와의 관계에는 특별한 메시지가 담겨 있습니다. 그 메시지를 받기 위해 다른 누구도 아닌 내가 그 관계를 선택한 것입니다.

지금 내가 처한 상황이 이해가 되지 않으십니까?
스스로도 이해되지 않는 상황이 반복되고 있다면 그것은
내 영혼이 풀어야 할 과제일 수 있습니다.
그것이 주는 의미를 깨달았을 때 그 상황에서 비로소
벗어날 수 있습니다.
그러기 위해서 잠시 자신의 내면과 마주하는
명상 시간을 가져 보세요.

향기명상을 할 때 잊지 말아야 할 것은
향기는 나와 나 이외의 것을
구분하지 않는다는 사실입니다.
같은 공간에서 숨을 쉴 때,
내가 내쉰 숨은 공기가 되어
다른 사람의 들숨이 됩니다.
또한 상대의 날숨이 나의 들숨이 되어
내 온몸을 돌아 공기로
합해집니다.

 분노에서 해방

사랑이라는 이름으로 폭력을 행사할 때가 있습니다. 특히 부모들은 자녀 앞에서 분노를 폭발합니다. 그 분노는 고스란히 자녀의 마음에 각인되고 훗날 그 자녀의 자녀에게로 대물림이 됩니다.

제 아들의 통금 시간은 밤 10시였습니다. 학교와 학원을 다녀오고 나면, 거의 10시가 됩니다. 친구들과 따로 시간을 보낼 만한 여유가 없지요. 어릴 때가 아니라 청소년기의 이야기입니다. 아이가 10분이라도 늦으면 아버지는 화를 내고 독설을 퍼부었습니다.

아이는 변명할 수가 없습니다. 야단맞을 때는 눈을 마주 바라봐도 안 되고 얼굴빛을 바꾸어도 안 됩니다. 그저 죄인이 되어 폭포수처럼 쏟아지는 비난을 감수해야 합니다. 혹독한 시련이 지나고 겨우 해방되어 자신의 방으로 들어갈 때 또 조심해야 합니다.

행여 방문을 세게 닫는 식의 행동을 보이면 반항하는 것으로 간주되어 다시 호출되기 때문입니다.

아이는 방 안으로 들어가 쿠션에 얼굴을 묻고 소리 없이 흐느꼈습니다. 우는 소리가 방문 밖으로 새어 나가면 또 야단을 맞기 때문에 소리 내지 않으려고 애쓰며 흐느껴 울었습니다. 단지 아버지가 일방적으로 정한 통금 시간에 늦었다는 이유로 겪어야 하는 아픔이었습니다. 아이는 마치 가정이라는 왕국에서 아버지라는 절대 권력자가 휘두르는 독재의 칼날에 고초를 겪는 민초와 같았습니다. 아이는 힘이 없었습니다. 변명조차 할 수 없었기에 억울함과 분노가 아이의 마음을 좀먹어 갔습니다.

이유 없이 폭발하는 아이에 대한 아버지의 분노 앞에서 저는 그저 망연자실했습니다. 아버지가 아이를 사랑하지 않는 것은 아니었습니다. 누구보다 아이를 사랑했습니다. 평소에 아버지는 하나뿐인 아이에게 여느 아버지들처럼 다정하게 대했습니다.

단지 귀가 시간 문제 앞에서 변해 버리는 아이 아버지의 모습에서 어떤 카르마Karma, 업[業]가 느껴졌습니다. 아이 아버지는 아마도 아이를 보호하고 싶었겠지요. 밤 문화 속에서 행여 아이가 잘못될지도 모른다는 불안과 우려 때문에 표출된 모습일 수 있습니다.

아이를 야단치다 보면, 점차 아버지의 분노는 정도를 더해 아이의 가슴을 후벼 파는 언어폭력을 행사하는 줄 알면서도 이미 자신을 제어할 수 없게 됩니다. 그 폭언 중에 상습적으로 등장하는 말이 있습니다. "아무짝에도 쓸모없는 쓰레기 같은 놈", "군대 가면 낙오할 놈"이라는 말이지요. 결코 해서는 안 될 말입니다.

어떤 말로도 설득되거나 개선되지 않는 아이와 아버지의 관계 속에서 저는 표리부동한 중간자가 되고 말았습니다. 분노를 표출한 후, 허탈해진 아이 아버지가 방으로 들어간 후, 저는 울고 있는 아이 방으로 들어갔습니다. 무슨 말로도 위로가 되지 않는 줄 아는 저는 그저 말없이 아이를 안아 주었습니다. 이제는 저보다 덩치가 훨씬 커진 아이는 제 가슴에 안긴 채 소리 죽여 흐느꼈습니다.

아이의 아픔이 절절히 제게 전해졌습니다. 등을 쓰다듬으며 머리를 만져 주는 제 품 안에서 아이의 울음은 점차 잦아들었습니다. 아이가 깊은 한숨과 함께 자신을 추스르는 것이 느껴졌습니다. 표출되지 못한 아이의 분노가 느껴져 저는 가슴이 아렸습니다.

저는 아이와 함께 공모했습니다. 무슨 일이 있어도 통금 시간 10시를 넘기지 않고, 아버지가 잠들면 다시 나갈 수 있게 한 것입니다. 아이들의 밤 문화는 10시부터 시작되거든요. 다들 모여 있는데 자신만 집으로 돌아가야 하는 아이는 친구들 사이에서도 점차 소외당하게 됩니다. 이렇게 아이의 이중생활이 시작되었습니다. 아이가 군대에 갈 무렵까지요.

아이와 아버지의 귀가 시간 전쟁은 그렇게 평화롭게 종결되었습니다. 군대에 간 아이는 첫 휴가 때 제게 말했습니다. 유격 훈련 때 발을 접질려서 인대가 나갔었다고 합니다. 고통이 심해서 그만 포기하고 싶은 순간, 아버지가 군대에 가면 낙오할 놈이라고 질책했던 말이 떠올라 이를 악물고 한 발을 질질 끌며 끝까지 훈련을 마쳤다고 해요. 훈련을 마치고 보니 군화가 너덜너덜해졌고 한 발로 버텼던 탓에 그 발은 만신창이가 되었더랍니다.

아이가 군대에 갈 무렵, 아이의 아버지는 골수이형성증후군이라는 혈액암 진단을 받았습니다. 골수이식을 하기 위해 수술비가 필요했습니다. 당시만 해도 중대 암에 대한 의료보험이 되지 않았습니다. 골수이식을 한 번 하려면 거액의 돈이 있어야 했지요.

아이는 군대에서 아버지의 치료비에 조금이라도 보태겠다고 아프카니스탄 파견에 자원했습니다. 그곳에 파견되면 생명 수당이 나오기 때문이지요.

아들이 파견되기 전에 휴가를 나왔는데요. 아버지에게 병문

안을 간 아이는 처음으로 아버지를 안아 드리려고 했습니다. 그러나 아이가 감기에 걸렸기에 아버지는 아이의 포옹을 거절했습니다. 무균실에서 생활해야 하는 아버지는 철저하게 몸을 보호해야 했기 때문이지요. 아버지를 안아 드리지 못하고 돌아선 아이, 그리고 그의 아버지…. 그것이 그들의 마지막 만남이었습니다.

아이가 아프카니스탄에서 귀국하기 전까지 두 번이나 골수이식 수술을 받았으나 아버지는 세상을 떠났습니다. 공교롭게 귀국하기로 한 날짜가 두 번이나 연기되어서 아이는 아버지의 임종을 지킬 수 없었습니다. 임종 전 부대로 연락을 했으나, 아이 하나만을 위해 전세기를 띄울 수 없다는 답변이 돌아왔습니다. 저는 아이에게 아버지의 임종을 전하지 말라고 부탁했습니다. 전갈을 받고도 올 수 없다면 차라리 모르는 게 낫다 싶었습니다.

건강하고 멋진 모습으로 귀국한 아이는 아버지는 어떠시냐고 물었습니다. 모두들 말을 잇지 못했고, 눈치를 챈 아이는 허탈해 주저앉았습니다.

지금 아이는 워킹홀리데이 비자를 받아 돈도 벌 겸, 언어도 배울 겸, 새로운 문화도 익힐 겸 호주에 가 있습니다. 얼마 전에 아이에게 전화가 왔는데, 이런 말을 하더군요.

"이상하게 요즘은 아버지가 생각나요. 한국 가면 양복을 새로 맞추어 입고, 제일 먼저 추모관에 다녀와야겠어요."

　나이가 들어가자 아이는 아버지가 이해되나 봅니다. 분노를 사랑과 연민으로 녹인 아이가 참으로 대견합니다. 아이가 자신의 아이를 갖게 되더라도 분노를 대물리는 일은 없으리라는 희망을 가져 봅니다. 아이의 아버지처럼 그래서는 안 될 것입니다. 아이의 아버지의 아버지 역시 귀가가 늦어지는 자식에게 문을 열어 주지 말라 했고, 밥을 주지 말라고도 했다더군요. 부엌에 몰래 나가 어머니가 숨겨 놓은 밥을 찾아 먹으며 끼니를 해결해야 했을 때도 있었다고 합니다.

　닮지 않으려고 했던 아버지의 모습을 고스란히 자신의 아이에게 대물림했던 그. 아이 아버지의 카르마가 아이에게는 이어지지 않기를 바랍니다.

 마음공부

저는 간혹 사람들에게 착각을 불러일으키나 봅니다. 소식하거나 음식을 까다롭게 가려 먹거나 또는 채식주의자처럼 보이나 봅니다. 더러운 것은 손도 안 대고, 힘든 일은 안 하는, 중증의 공주과 여자로 보는 분도 있습니다. 그러나 함께 있다 보면 그 착각이 여지없이 깨지는데요. 이는 그리 오랜 시간이 걸리지 않습니다.

무엇이건 가리지 않고 많이 먹는 것은 말할 것도 없고 어떤 음식이든 세상에 다시없는 진수성찬을 먹는 것처럼 거듭 감탄하며 맛있게 먹는 모습을 보고 모두 혀를 내두릅니다. 때로는 기대에 부응하지 못해 참으로 죄송할 때도 많습니다.

어느 날인가, 명상 프로그램을 진행하던 중에 참가자 일행과

샤워실을 쓰고 나서 다 같이 청소하는 시간이었습니다. 다들 열심히 청소를 하고 있는데 배수구에 잔뜩 걸려 있는 머리카락을 빼내는 사람이 없었습니다. 배수구에서 물이 잘 빠져야 청소를 원활히 할 수 있는데 말입니다. 저는 아무 생각 없이 손으로 그 머리카락 뭉치를 건져 냈습니다. 같이 청소하던 일행이 그 모습을 보고 매우 놀란 듯했습니다.

"선생님, 어떻게 손으로…."

그 버려진 머리카락 뭉치도 제각각 주인의 머리에 달려 있을 때는 귀하게 대접받았을 것입니다. 본인은 물론이고 연인이 사랑스럽게 만져 주었을지도 모릅니다. 매일 샴푸를 하고 빗겨 주며 사랑받았을 그 머리카락들은 이제 배수구를 막는 혐오스러운 것으로 전락하고 말았습니다. 그 본래 모습을 기억하면 그리 혐오스러운 것이 아닌데 말입니다.

제 아이가 고2 여름방학 때의 일입니다. 고등학생에게는 정말 중요한 그 시기에 저는 아이에게 마음공부를 하고 오라고 오지에 있는 명상센터로 보냈습니다. 수능 공부보다 그 공부가 더 중요할 듯했지요. 아이는 그곳에서 더운 여름날 무척 심하게 고생을 했나 봅니다.

처음에는 화장실 청소를 하는데 고무장갑을 끼고도 구역질이 나와서 청소를 못하겠더랍니다. 얼마 지나자 고무장갑도 벗어 던지고 맨손으로 오물을 수세미로 닦아 내면서도 구역질이 나오기는커녕 아무렇지 않더랍니다. 오물과 자신이 한 몸인데 더러울 것이 뭐 있냐고 하더군요. 그러면서 자신이 오래 살지는 않았지만, 아마 두고두고 자신이 유도를 배운 것과 마음공부한 것을 감사하며 살 것 같다고 말했습니다. 그 말을 듣고, 오히려 제가 감사했습니다.

세상 공부도 귀하지만, 청소년일수록 마음을 닦는 공부도 필요합니다. 고도원의 아침편지 문화재단에서 운영하는 '깊은산속 옹달샘 명상센터'에는 청소년을 대상으로 한 '링컨학교'라는 프로그램이 있습니다. 초등학생에서부터 대학생에 이르기까지 함께 모여서 6박 7일간 프로그램을 진행합니다. 다양하고 짜임새 있게 프로그램이 진행되면서 아이들은 서서히 변해 갑니다.

텔레비전도 없고, 게임기도 없고, 컴퓨터도 없는 명상센터에 온 아이들은 처음에는 산만하기 이를 데 없습니다. 냉소적이고, 비협조적인 데다가 잘 반응하지도 않습니다. 마지못해 응하던 아이들은 시간이 흐르면서 태도가 달라지기 시작합니다. 눈망울에 빛이 어리며 몸가짐과 행동거지에 절제가 묻어나고 활력이 깃드는 절묘한 조화를 이뤄 냅니다. 아이들은 전체적으로 파동이 높아지며 오합지졸 같던 모습을 벗고 정예부대로 변신합니다.

저는 소망합니다. 초등학교 때부터 대학교 과정에 이르기까지 명상이 교양 과목이나 정규 과목으로 채택되었으면 좋겠습니다. 그래서 누구든지 공부를 시작하기 전에, 또는 공부하다가 지치면 명상으로 에너지를 보충했으면 좋겠습니다. 우리 아이들이 하루를 열면서, 또 하루를 마감하면서, 자신을 돌아보고 주변의 자연과 사람들에게 감사하며 살았으면 좋겠습니다.

자신을 비롯해 생명을 가진 모든 것을 존중하고 사랑하는 마음을 길러 준다면 좌절 끝에 자살을 한다던가, 약한 동물이나 친구를 벼랑 끝으로 몰아가는 일은 없을 것입니다. 영양소가 골고루 들어간 급식 식단도 중요하고, 미래를 위한 학습 능력을 높이는 것도 중요하지만, 영혼이 시들어 가는 청소년에게 영혼의 양식을 공급하는 일은 무엇보다 더 중요하다고 생각합니다.

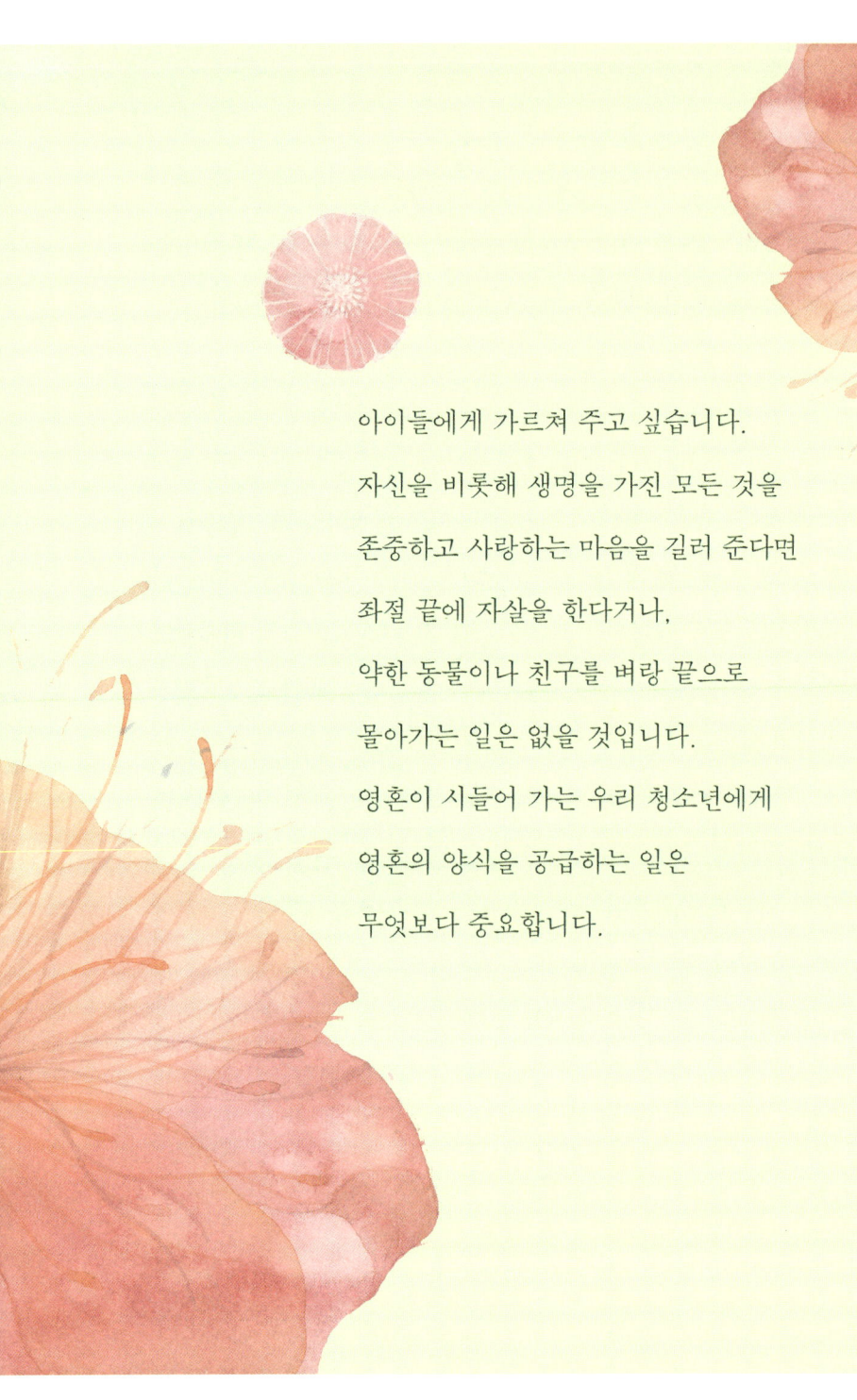

아이들에게 가르쳐 주고 싶습니다.
자신을 비롯해 생명을 가진 모든 것을
존중하고 사랑하는 마음을 길러 준다면
좌절 끝에 자살을 한다거나,
약한 동물이나 친구를 벼랑 끝으로
몰아가는 일은 없을 것입니다.
영혼이 시들어 가는 우리 청소년에게
영혼의 양식을 공급하는 일은
무엇보다 중요합니다.

우리의 근원은 같은 질료입니다. 그 질료에서 다양한 모습으로 나투어 이 세상에 현존한다는 것을 아시는지요? 이 사실을 알고 나면, 나 아닌 다른 것들에 대한 경계와 혐오를 풀고 사랑으로 감싸 안는 이상적인 세상이 아이들로부터 이루어져 나갈 것이라 여깁니다.

　인류의 의식 레벨이 높아져서 인디고 아이들Indigo Children이 대거 태어나는 요즘, 더욱 명상이 절실합니다. 사회적인 잣대로 보면, 인디고 아이들은 산만하고 기존 질서에 잘 적응하지 못하는 주의력결핍 과잉행동장애ADHD라고 명명되는 중증의 문제 인격으로 보입니다.

　그러나 그들은 조금 더 자유롭고, 조금 더 파동이 높아 경직된 지구 질서에 적응하기 어려울 뿐입니다. 혹시 그런 귀하디귀한 영혼인 인디고 아이들을 가까이 두고 계신가요? 그러면 그 영혼에 기존의 낡고 진부한 세상의 잣대로 가늠하여 충고하실 생각을 접으세요. 그리고 마음을 열고 다가가 그 영혼이 흘리는 메시지와 에너지를 느껴 보십시오. 앞으로의 세상은 아마도 그 영혼들로 인해 더 나은 파동으로 차원 상승이 이루어질지 모르는 일입니다.

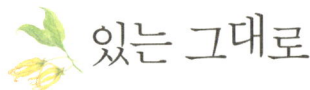 있는 그대로

　누군가와 갈등이 있을 때, 우리는 흔히 대화가 되지 않는다고 불평합니다. 대화의 가장 기본은 경청일 것입니다. 경청은 건성으로 듣는 것이 아닌 몰입을 의미합니다. 겉모습은 분명히 내 말을 잘 듣고 있는 것 같은데도 불구하고, 다른 생각을 하고 있다가 엉뚱한 말을 한다던가 하면 말하는 쪽에서 맥이 풀립니다. 그러는 상대를 몇 번 경험하다 보면 실망을 하다못해 다시는 대화하지 않겠다는 다짐도 하게 됩니다.
　경청은 부부간에도 필요합니다. 특히 대부분의 남편은 아내가 무슨 말인가 할 때 끝까지 잘 듣지 못합니다. 중간에 말을 가로막고 해결책을 제시하거나 지적합니다. 무언가 도움이 되고자 해서 그러겠지요. 그러나 아내는 그만 기분이 나빠집니다. 더 이상 대화를 이어 나갈 기분이 나지 않아 그냥 유야무야 대화는 끊깁니다.

대화가 잘 되려면 일단 상대의 말을 잘 듣는 것부터 출발해야 합니다. 상대가 말할 때 자기 차례가 오면 무슨 말을 할까 먼저 생각하거나, 조바심 내지 말고 그저 들어야 합니다. 지그시 바라보며 들어 주다 보면 스스로 문제가 풀리고 해결책이 생깁니다. 그저 들어만 주었을 뿐인데 대화가 잘 되었다고 생각합니다.

어느 날, 지인이 제게 이런 말을 했습니다. 친척 한 분이 시어머니와 친정어머니를 함께 모시고 사는데, 방이 없어서 두 분이 한방을 쓰시게 했답니다. 그런데 두 분이 다툼 한 번 없이 그렇게 잘 지내시더랍니다. 평소 그 어르신들은 성정이 불같고 그다지 자애심이 많은 분들이 아닌데 어떻게 그리 평화롭게 지내고 계신지 가족 모두 의아했다고 합니다.

그러던 어느 날 의문이 풀렸답니다. 무심코 두 분이 방에서 대화하는 모습을 보니, 한 분이 다른 분을 마구 비난하더랍니다. 바라보던 식구들은 가슴이 콩알만 해졌답니다. 그런데 그 말씀을 듣고 있는 상대 분은 그 비난과 상관없는 말을 또 대꾸하더랍니다. 얼마간을 그렇게 언성을 높이며 대화하는데 그 내용은 서로 전혀 연결이 안 되더라나요. 두 분 다 청각이 좋지 않아서 상대방이 하는 말을 알아들을 수 없어 자기가 하고 싶은 말만 하는 대화를 했던 것이랍니다.

상대가 알아듣거나 말거나, 자기 속 얘기를 다 털어놓았으니 쌓이는 오해도 없고 가슴앓이 할 것도 없었던 것이지요. 그야말로 완전한 평화였던 것입니다. 그 이야기를 전해 듣고 우습기도 했지만 많은 생각이 들었습니다.

살면서 들려오는 말을 다 듣고 살아야 할 필요가 있을까요. 특히, 충고나 조언은 약이 될 때도 많지만 오히려 힘이 빠지게도 합니다. 비난이나 핀잔은 더욱 그렇습니다. 속 안에 가시를 품은 말은 딱히 표현할 수 없지만 껄끄럽고 무언가 자꾸 걸리는 기분이 들게 합니다. 비난이나 핀잔은 자꾸 되새기게 됩니다. 오히려 지인의 어르신들처럼 상대가 언짢은 말을 하더라도 나 듣기 좋은 대로 해석하며 살 수 있으면 편할 것 같습니다.

상대를 위하는 것 같지만 실제로 충고는 그다지 도움이 되지 않습니다. 오히려 경계하고 반감만 생깁니다. 그는 그의 우주에서 주인이고, 나는 나의 우주에서 주인입니다. 그는 그의 우주에서 책임자이고, 나는 나의 우주에서 책임자입니다. 그와 나는 영혼의 진화 정도가 다르고, 이 삶에서 갖는 주제 역시 서로 다릅니다.

나는 내가 책임지고 그는 그가 책임지게 하십시오. 나의 판단과 분별을 내려놓고 그를 있는 그대로 바라보고 인정하는 것이 진정으로 그를 위하는 길일지도 모릅니다. 나 자신 역시 누군가의 틀에 억지로 맞추려고 하지 마십시오. 나는 나인 채로 충분합니다.

누군가가 한 말로 상처를 입고 마음이 힘들 때가 있습니다.
무시하려고 해도 자꾸 그 말이 떠올라 우울해집니다.
그럴 때는 가라앉은 우울한 기분을 털어 내고
마음의 균형을 맞추는 데 효과가 있는 향기를 사용합니다.

 시선

호수를 바라보았습니다. 호수의 물이 강물처럼 흐르고 있었습니다. 호수의 물은 동쪽으로 흐르고 있었습니다. 물결을 가만히 바라보고 있자니, 물결은 흐르지 않고 그저 위아래로 오르내리고 있었습니다.

이상하다고 느끼는 순간, 물은 서쪽으로 흐르고 있었습니다. 서쪽으로 흐르는가 싶더니 어느 순간, 물은 흐르지 않고 그 자리에서 잔파도를 일으키고 있었습니다.

그제야 느꼈습니다. 호수가 흘러가는 방향은 정해져 있지 않다는 것을요. 호수는 바람이 부는 대로 그저 동으로 서로, 그리고 제자리에서 움직일 뿐입니다. 호수의 물결마다 일정한 패턴이 모양을 이루고 있었습니다. 면과 면이 이어져 마름모꼴을 만들었는가 싶더니 시야에서 사라지고, 출렁이는 선만이 눈앞에 가득했습니다.

마치 기러기가 날아가듯 가득 호수 위에 선이 펼쳐져 있었습니다. 검은 선들이 날개처럼 펼쳐진 것입니다. 검은 선들을 바라보고 있자니 멀리 퐁퐁거리며 작은 물덩이들이 치고 올라옵니다. 선들은 시야에서 사라지고 퐁퐁거리는 물덩이만 호수면에 가득합니다. 더 멀리, 작은 포말이 잔잔히 호수 표면에 가득하고, 수평선은 은모래가 반짝이는 듯합니다.

면과 선, 점들은 사라진 것이 아니었습니다. 서로가 같은 공간, 같은 시간에 공존하고 있었습니다. 다만 내 시선이 면과 선, 점만을 그때그때 포착한 것뿐입니다. 호수가 빚어내는 마법의 세계는 신비롭습니다. 시간과 공간을 뛰어넘는 예술이 펼쳐집니다. 끊임없이 변모하는 생명의 춤을 바라봅니다.

시선을 어디에 두느냐에 따라 드러나는 형상은 가지가지입니다. 호수를 바라보며 그동안 자신만의 고정된 시선으로 바라본 세상을 옳다고 주장하고 있지 않았는지 생각해 봅니다. 다른 사람의 눈높이로 바라보면 같은 사물인데도 불구하고 느낌이 달라질 수 있을 것입니다.

　호숫가에서 호수를 내려다보니, 내 앞을 흘러가던 물과 아직 흘러오지 않은 물, 지금 내 앞을 흐르는 물은 경계가 없었습니다. 그 물은 지금 내 눈앞에서 동시에 흐르고 있습니다. 내가 시선을 앞으로 두면 앞서 흐르던 물이 보이고 뒤로 두면 앞으로 흘러올 물이 보입니다. 전체적인 시선으로 바라보니 과거와 미래가 지금 존재합니다.

　지금 내가 바라보고 있는 현재가 과거와 미래를 만들고 있습니다. 호수의 물은 앞선 물, 뒤에 올 물, 지금 앞을 흐르는 물 모두가 전체를 이루고 있었습니다. 전체를 보면 하나로 보이고, 부분을 보면 부분만 보입니다. 그저 나의 시선을 어디에 두는가에 따라 그것은 내게 존재합니다. 그리고 그 시선을 어디에 두는가를 결정하는 것은 지금 현재 이 순간의 나입니다.

　오늘 나의 시선은 어디에 있습니까?

　제가 상담을 해 줬던 분이 있었습니다.

그분은 늘 남편의 거취에 대해 불안해했습니다. 남편이 어디를 가든지 반드시 자신과 함께 가야 한다고 생각했습니다. 여행을 가서도 늘 남편에게만 관심이 있었습니다. 풍경은 그분의 눈에 들어오지 않았습니다. 오로지 남편이 어디에서 누구를 만나 이야기하고 있는지에만 신경이 쏠려 있었습니다.

이동하는 차량에서도 남편과 같은 자리에 앉아야 하고 단체 여행의 특성상 남편이 다른 여성들과 대화를 나누어야 할 때도 촉각을 곤두세웁니다. 그 여성이 그렇게 된 이유는 남편이 한때 한눈을 팔았기 때문입니다. 그 과거에 얽매어 현재를 소모합니다. 끝없이 자신을 괴롭히고, 상대를 억압하며 힘들게 합니다. 그러면 그럴수록 상대는 벗어나고 싶어 합니다.

그분의 심리 상태를 저는 충분히 이해합니다. 그러나 그렇게 소모하기에는 자신이 너무 아깝습니다. 사람의 마음은 고정되어 있지 않습니다. 마음 역시 호수의 물처럼 바람 따라 흔들립니다. 동으로 서로, 그리고 제자리에서 끊임없이 움직입니다. 그러나 호수의 물은 어디로도 가지 않습니다. 호수 물은 그대로 존재합니다. 이리로 저리로 흐르라 할 필요 없이 흐름에 따라 흐를 것입니다.

사람의 마음 또한 고정된 물체가 아니니 흐를 수밖에 없습니다. 우리는 한순간에도 셀 수 없이 많은 상념이 지나가는 것을 압니다. 단 1분도 정지해 있을 수 없습니다. 생각은 꼬리에 꼬리를 물고 지나갑니다. 마음은 연속적으로 상을 만들고 부수어 갑니다. 호수의 물을 바라보는 것처럼 그대로 바라보는 것이 진정으로 사랑하는 것입니다.

그 여성뿐만 아니라 우리는 언제나 상대방의 행동을 분석하고 판단합니다. 그리하는 것을 사랑이라고 생각합니다.

우리는 모두 상대를 바꿀 생각을 합니다. 그 사람의 생각과 말하는 방식, 행동을 바꾸려고 합니다. 그러면서 자신은 아무것도 바꾸려고 하지 않습니다. 사랑은 상대방을 자신에게 맞춰 바꾸는 것이 아닙니다. 상대방을 바꾸려고 할 때 갈등이 생겨납니다. 내가 그 사람을 선택할 때는 지금 이 사람이 아닌 다른 사람이 아니었습니다. 상대방은 그대로 그입니다.

그가 내보이는 것은 이미 안에 다 들어 있었으나 단지 드러나지 않았거나 내가 볼 수 없었던 것일 뿐입니다. 마치 화려한 장미의 뿌리에 묻어 있는 흙의 더러움과 축축함을 보려고 하지 않는 것과 같지요.

아름답지 않은 뿌리와 그 뿌리 주변의 흙이 어우러지고 햇볕과 바람, 벌과 나비들조차 아름답고 향기로운 장미를 피워 내는 것에 협력하고 있다는 것을 알고 그 모든 것을 함께 받아들여야 합니다. 그래야 그를 사랑한다고 할 수 있을 것입니다.

상대에게 무언가를 강요하지 마십시오. 그냥 있는 그대로 바라보고 수용해 주십시오. 꽃을 보여 줄 수 있는 시간조차 그리 오래지 않습니다. 언젠가는 그 꽃조차 시들어 땅에 떨어져 다시 흙으로 돌아가게 됩니다.

지금 이 순간 보이는 그대로를 사랑하십시오. 꽃으로 내 곁에 있어 주는 것을 그저 경이롭게 바라볼 때, 그 때 비로소 평화가 찾아옵니다.

 혼자 여행하다

　언제나 우리는 무언가를 해야 한다는 강박관념에 쌓여 있습니다. 그래서 멍하니 있다가 화들짝 놀라며 무언가를 생각하거나 하기 시작합니다. 이런 느낌은 긴장했던 시험을 치고 난 후나, 논문이나 프로젝트, 무언가 온통 자신을 집중시켰던 일이 끝난 후에 찾아오는 현상이기도 합니다.

　그저 평범한 일상생활 속에서도, 해야 할 일이 산재해 있어 잠시 방임하는 것조차 허용하지 않습니다. 아무것도 하지 않고 있으면 빈둥거린다는 무언의 질책이 마음 한 구석에 있어서 온 마음을 무겁게 합니다. '내가 정말 이러고 있어도 되나?'라는 생각에 재빨리 사태 점검을 합니다. 어느덧 늘 무언가를 해야 한다는 정신적인 강박이 생겨 버린 것입니다.

오늘 하루만큼은 아무 계획도 세우지 말고, 약속도 하지 않은 채 기분 내키는 대로 하루를 지내보기로 결정합니다. 아무와도 약속하지 않고, 아무런 계획도 세우지 않고 자신의 마음이 내키는 대로 행동합니다. 누구의 동의를 구할 필요도 없고, 자신의 느낌대로 일어나는 모든 일을 즐겨 보는 것입니다. 모두가 나의 판단, 선택이며, 그 결과로 야기되는 모든 해프닝을 경험하는 것이지요.

만약에 시간적인 여유가 있다면 혼자 여행을 가는 것도 좋습니다. 익숙하지 않은 많은 풍경과 사람들, 그리고 다가오는 상황 모두 스스로 결정해야 합니다. 누구에게 편승해 가는 일도 없고, 누구의 눈치를 보아야 할 일도 없습니다. 오직 내가 판단하고 결정하는 하루가 펼쳐집니다.

늘 무언가를 이루어야 한다고 자신을 채찍질하고 짓누르던
강박관념에서 조금씩 벗어나는 연습을 해 봅니다.
아마도 딱히 표현할 수는 없지만
왠지 홀가분한 기분을 느끼고 있는 자신을

발견할 수 있을 것입니다.
이 여행에서 얻을 수 있는 수확은
내 삶의 주인공은 바로 나라는 통찰입니다.

혼자 살아간다는 것은 어쩌면 혼자 여행하는 것과 같을지도 모릅니다. 조금은 외롭지만 자유로운 것이 좋은 사람은 혼자 살아가는 삶을 선택하는 것이겠지요.

혼자 생활하는 것이 아닌 대가족과 복닥대며 살고 있는 상황이라면 하루쯤은 자신을 해방시켜 독신의 하루를 경험해 보는 것도 좋습니다. 어쩌면 그 자유로움의 끝머리에서 다시 복닥거리는 자신의 보금자리로 돌아오고 싶어질지도 모르지요. 돌아온 후 그 자리는 이미 이전의 짜증스러운 자리가 아닌 사랑의 자리로 바뀌어 있을 것입니다.

스킨십의 기적

신혼 때, 남편은 저에게 별명을 하나 지어 주었습니다. '장송'이라고요. '장송'은 거꾸로 하면 '송장'입니다. 밤에 사랑 행위를 할 때, 송장처럼 아무런 반응이 없는 저를 놀리느라 붙인 별명입니다.

어려서부터 다독가였던 저는 초등학생 때부터 세계명작전집을 비롯하여 우리 문학전집은 물론이고, 《사서삼경》《노자》《장자》 등의 고전을 뜻도 모르고 읽어 댔고, 셰익스피어 전집도 희곡으로 된 것을 읽었습니다. 그야말로 닥치는 대로 책을 읽었습니다. 그 안에는 성인 소설도 있었고, 당시에 유행했던 〈선데이서울〉 같은 주간지도 있었습니다.

그 책들을 통해서 읽은 왜곡된 성 지식을 제 나름대로 정리한 후 신봉하고 있었던 듯합니다. 어렴풋이 기억나는 것은 몸을 파는 여성들은 잠자리에서 교성을 지른다는 대목입니다. 아마도 그 정보에 기초한 지식으로 잠자리에서는 아무 표현도 하지 않는 것이 정숙한 여성이라는 잘못된 성 개념을 지니고 있었나 봅니다. 따라서 잠자리에서 저는 완전히 요조숙녀였습니다.

그뿐만이 아닙니다. 저는 부부 사이인데도 불구하고, 밤에 사랑을 할 때는 남편에게 불도 켜지 못하게 했고, 그 앞에서 옷을 갈아입는다던지 하는 허물없는 모습은 절대로 보이지 않으려고 했습니다. 화장실에 가서도 행여 소변보는 소리가 들릴까 봐 세면대의 물을 틀어 놓고 일을 보았습니다. 시누이 집에 방문했을 때, 내외가 거리낌 없이 서로 방귀를 뀌는 것을 보고 내심 얼마나 놀랐는지 모릅니다. 지금 생각하면 참으로 어이가 없고 웃음만 나옵니다.

그렇다고 우리 부부가 맞선을 보고 바로 결혼하여 친밀도가 낮았던 것도 아닙니다. 몇 년간의 연애 기간을 거쳤는데도 불구하고 유독 왜 그렇게 성적인 부분에서는 고지식했는지 모릅니다.

굳이 제가 고지식했던 연유를 찾는다면, 첫날밤에 쓰라고 커다란 면 손수건 다섯 장을 손수 만들어 주신 엄마나 시집가면 그 집안 귀신이 되어야 한다고 당부했던 아버지의 교육 때문이었다고 말할 수 있겠습니다.

참으로 앞뒤가 꽉 막혀 있던 저는 남성들이 이상적인 여성으로 여기는 '낮에는 현모양처, 밤에는 요부'와는 거리가 한참 먼 사람이었습니다. 낮에도 현모양처가 되지 못했고, 밤에 요부가 되는 것은 더더군다나 저와 관련이 없었습니다. 도무지 학습이 되어 있지 않았던 저와 함께 살며 남편이 얼마나 답답했을지 생각하면 지금도 슬며시 웃음이 납니다.

일곱 살 나이 차이가 나서 같이 다니면 삼촌이냐는 소리를 듣던, 저 없으면 죽는다고 매달리던 남편…. 이미 이야기했듯 그는 신혼 시절이 끝나기 전부터 외도를 시작했습니다. 그의 외도는 결혼생활 20여 년 동안에 간헐적으로 반복됩니다.

다른 것은 몰라도 책 읽는 것에는 자신이 있었던 저는 남편의 외도를 견디며, 동서양의 성의학과 고대의 방중술을 연구하기 시작했습니다.

연구는 깊어져, 성과 쾌락이라는 일반적인 주제와 더불어 성을 통한 우주와의 합일이라든지, 건강하게 장수하는 비법까지를 들여다볼 수 있게 되었습니다. 원활하지 못했던 결혼생활이 훌륭한 학습 동기를 부여했던 것이지요.

제가 지금 고도원의 아침편지 명상센터인 '깊은산속옹달샘'에서 진행하는 부부학교 프로그램 중 향기명상과 더불어 '몸공부, 마음공부'를 강의할 수 있게 된 것도 그 덕분이 아닌가 생각합니다.

현대는 예전과 달리 인터넷을 통해 성 정보를 접하기 쉬운 듯하나, 제대로 된 정보라기보다 선정적이고 잘못된 정보가 난립하여 오히려 혼란스럽습니다. 제가 하는 강의는 저와 같이 왜곡된 정보를 진실이라고 알고 있는 분들에게 바른 길을 안내하는 것입니다. 그 시간은 서로 소원해진 사랑을 회복하는 시간입니다.

결혼을 약속한 예비부부나 결혼한 지 얼마 안 된 신혼부부나, 10년에서 20여 년 동안 결혼 생활을 한 관록의 중년부부들은 각기 그 나름대로 갈등과 문제점을 지니고 있습니다. 더러는 이혼 직전까지 간 분들이 마지막 보루로 명상센터를 찾기도 합니다.

시종일관 서먹서먹하고 냉랭한 분위기를 만들던 분들이 모든 프로그램을 마치고 귀가할 즈음에는 서로 다정하게 손잡고 산책합니다. 식당과 카페에서 미소 띤 얼굴로 담소를 나누는 모습을 보게 됩니다. "이제까지 왜 그러고 살았는지 모르겠다."라며 미소 짓는 분들을 뵈면 제 가슴이 따스해집니다. 그리고 그분들이 참 부럽습니다.

우리는 자라면서 제대로 된 성교육을 받아 본 적이 없습니다. 요즈음의 청소년 또한 마찬가지입니다. 이처럼 성에 무지한 채로 사랑하고, 결혼하고, 살아갑니다. 젊을 때는 열정만 앞서 귀한 성에너지를 낭비하기도 하고, 중년이 되면 몸과 마음이 피로해져 성이란 것이 때때로 귀찮고 불필요하게 느껴지기도 합니다. 점차 저하되기 시작하는 성호르몬과도 관련이 있겠지요. 이러저러한 이유로 섹스리스 부부가 늘어 가고 있는 추세입니다.

그러나 부부의 성생활은 쾌감만을 위한 것은 아닙니다. 부부가 건강하게 생활할 수 있도록 도와줍니다. 건전한 성생활은 옥시토신과 도파민, 세로토닌, 엔도르핀과 같은 호르몬과 신경전달물질이 원활하게 분비되고 순환하도록 합니다. 건강과 행복의 문을 여는 패스워드가 바로 성생활에 있다고도 볼 수 있습니다. 부부학교의 '몸공부, 마음공부'에서는 특별한 기법을 알려 준다기보다 서로간의 사랑을 잘 표현할 수 있도록 하는 방법을 강의합니다.

먼저 상대를 터치하는 방법을 배웁니다. 마음의 터치와 몸의 터치입니다. 강의가 진행됨에 따라 동토같이 얼었던 몸과 마음이 녹기 시작하고 따스한 사랑의 기운이 퍼져 갑니다. 상처받아 아픔으로 단단히 닫아걸었던 마음의 빗장을 열어 사랑을 받아들이기 시작하면서 감동의 오열이 터져 나오기도 합니다.

　강의가 끝난 후, 부부학교에 참여한 분들이 저를 바라보는 시선은 참 따스합니다. 훌쩍 가까워져 마치 형제자매인 듯한 가족애가 생겨납니다. 밤길 운전하고 가는 것을 진정으로 염려해 주시는 그분들의 사랑에 저 또한 가슴이 사랑으로 그득해져서 돌아옵니다. 가장 보람 있는 강의가 바로 부부학교입니다.
　부부가 행복해야 가족이 행복합니다. 잊었던 사랑의 기억을 되살리고, 섭섭함과 분노 그리고 증오로 바라보던 서로를 너무나 귀하고 애틋하게 보듬어 안는 사랑의 파장은 아마 그분들이 귀가한 후에 다른 가족들과 이웃들에게도 전달될 것입니다.

사랑스런 향기

저는 습관적으로 무언가를 집고 나서 그 물건의 향기를 맡습니다. 제가 생각해도 우습고 이상합니다. 돌멩이조차 맘에 드는 것을 집어 들고는 향기를 맡습니다.

무언가 먹을 때도 먼저 향기를 맡곤 합니다. 물론 다른 이들이 눈치채지 않도록 조심합니다. 유별나 보이고 싶지 않아서지요. 향기는 제가 사물을 평가하는 가장 기본적인 척도인 셈입니다.

저는 과일을 참 좋아합니다.

아이가 초등학생 때 엄마와 함께 하는 아람단 모임에서 엄마가 좋아하는 음식을 적는 시간이 있었습니다. 아이와 엄마가 떨어져서 적어 냈는데 제 아이는 '과일'이라고 적어 저와 일치했습니다. 그래서 주목을 받았던 기억이 있습니다.

그 정도로 과일을 유독 좋아하던 제가 유일하게 인상을 찌푸리고 멀리하던 과일이 있습니다. 바로 두리안입니다.

두리안은 태국에서 나는 과일로 크기는 작은 수박 크기만 하며 겉은 마치 쇠뿔이 돋아난 철갑 투구를 쓴 듯한 지극히 방어적인 모양의 과일입니다. 껍질을 벗기기도 쉽지 않지만, 그 철갑 방어벽을 무사히 뚫었다 하더라도 방어벽이 갈라지면서 동시에 풍겨 나오는 암모니아 냄새를 연상시키는 악취에 당할 재간이 없습니다. 자신도 모르게 흠칫 물러서게 됩니다.

두리안이 놓여 있는 공간 전체에는 그 독특한 향기로 가득 찹니다. 존재감이 대단한 과일입니다. 숨을 참고 먹기를 시도했지만 맛을 알 수 없었습니다. 왜냐하면 어떤 음식이든 코를 막으면 맛을 충분히 느낄 수 없기 때문입니다.

와인의 맛을 감별하는 소믈리에의 눈과 코를 막고 와인과 맹물, 콜라를 맛보라고 하면 그들은 세 가지의 차이점을 느끼지 못한다고 합니다. 이렇듯 맛은 향기에 의존합니다.

태국에서 두리안을 만나고 난 후, 몇 년이 흘렀습니다. 한국에서 다시 두리안을 만났을 때는 왠지 향기가 그렇게 역하게 느껴지지 않았습니다. 조심스레 맛을 보았는데 그 맛이 정말 일품이었습니다. 맛에 매료되자 그 뒤로는 그렇게 저를 경악케 했던 그 향기가 참 좋아지는 것입니다. 상아색의 과육을 입에 넣었을 때 입과 콧속 전체에 느껴지는 두리안의 향기는 환상입니다.

이제는 두리안을 사랑합니다. 두리안은 과일 중에서 에너지 파동이 가장 높은 과일이라고 합니다. 영양소도 풍부하여 마치 밭에서 나는 고기인 콩과 같은 역할을 한다지요.

향기가 좋고 싫음은 지극히 주관적입니다. 물론 보편적으로 좋고 싫은 향기가 나뉘기는 하지만, 개인에 따라 극적으로 갈리기도 합니다. 그리고 상황에 따라 싫었던 향기가 좋아지기도 하고, 좋았던 향기가 싫어지기도 합니다.

오래전의 일입니다. 지인의 아이가 맞벌이를 하는 엄마가 일하러 나가면, 하루 종일 엄마의 베개를 안고 놀았습니다. 엄마의 베개에 얼굴을 부비고 가슴에 안은 채 '엄마 냄새, 엄마 냄새' 하며 한시도 떨어지려 하지 않았습니다. 저는 그 아이를 보며 '엄마의 머리 냄새가 좋은가 보구나. 샴푸를 향기로운 것을 쓰나 보다.'라고 생각했습니다.

아이에게서 베개를 받아들어 그 냄새를 맡고 저는 바로 욱, 하며 얼굴을 돌렸습니다. 아이가 무척이나 사랑하는 그 베개의 향기는 바로 감지 않아 찌들은 머리 냄새였습니다. 어떤 냄새일지 짐작이 가실 것입니다. 그런데 다른 사람에게는 혐오스러울지라도 그 아이에게는 무엇과도 바꿀 수 없는 가장 좋은 향기였습니다. 사랑하는 엄마의 냄새니까요.

가끔 구취가 심한 분을 만나게 됩니다. 저도 모르게 한 발 물러서고 얼굴을 그분과 가까이 하지 않게 됩니다. 심한 경우에는 상대가 눈치채지 못하도록 숨을 참아 보기도 하고, 자꾸 다른 쪽을 보기도 합니다. 그러나 그분의 구취를 누구나 기피하는 것은 아닙니다. 그분의 배우자는 전혀 느끼지 못합니다. 아마 가장 사랑스러운 향기일지도 모릅니다. 그분과 얼굴을 가까이 맞대고 이야기하고 음식을 나누어 먹는 것을 보면 경이롭습니다. 그래서 짝인가 봅니다.

명상센터 부부학교 강의 때 간혹 이야기합니다. 살다가 배우자의 향기가 다르게 느껴지면 두 가지를 점검해 보라고 합니다. 하나는 상대가 건강이 나빠졌는지 점검해야 한다고 말합니다. 내장 기관에 이상이 생기면 먼저 몸의 향기가 달라집니다. 위, 간, 폐, 자궁도 모두 자신의 이상을 향기로 나타냅니다. 스스로가 못

느껴도 곁에 있는 사람은 느낄 수 있습니다.

부위마다 다른 향기가 느껴집니다. 건강에 이상이 없다면 그 다음에는 나의 마음을 점검해 봐야 합니다. 몸에는 아무 이상이 없는데도 어느 날 상대방의 향기가 싫어지면 그것은 사랑이 식었다고 봐야 합니다. 사랑이 차갑게 식어 버리면 상대방의 향기가 싫어지고 가까이 다가오는 것조차 싫습니다.

처음 사랑에 빠질 때도 우리가 인지하지 못하는 사이에 향기가 관여합니다. 몸의 면역인자가 가장 튼실한 자손을 생성해 낼 수 있는 자신과 가장 이질적인 유전인자를 가진 상대를 선택하는 데 향기가 작용한다고 합니다.

자연 세계와 마찬가지로 인간에게도 이성을 유혹하는 페로몬의 역할은 지대합니다. 상대를 매료시키고, 사랑이라는 환각에 빠지게 하고, 마치 중독이라도 된 것 같은 시간이 향기와 함께 흘러가 버리면, 남는 것은 서로에 대한 실망감과 공격, 그리고 방어의 밀고 당김입니다. 사랑의 느낌이 줄어들어 결혼생활에 위기가 올 때쯤이면 자연은 우리에게 선물을 줍니다. 바로 아기의 탄생이지요.

아기의 정수리 부분에서 나는 미묘한 향기는 부부의 사랑이 다시 결속되게 하는 힘을 지니고 있습니다. 이 향기는 엄마와 아기의 산도 통과의 고통을 완화시키기 위해 분비되는 천연 진통제이며 환각제인 옥시토신의 영향 때문이라고 합니다. 성행위를 할 때 오르가슴의 순간에 분비되기도 하는 이 호르몬은 평화와 행복감을 부여합니다. 아기 정수리의 향기로 인해 식어 가던 사랑이 다시 지속됩니다. 이번에는 예전보다 더욱 깊고 성숙한 사랑이 시작됩니다.

아기 또한 엄마의 향기를 좋아합니다. 아기가 처음 엄마의 젖 향기를 맡으면 미소를 짓는다고 합니다. 이 미소를 '천사의 미소'라고 하지요. 젖을 빨다가도, 잠을 자다가도 아기는 미소 짓습니다. 배냇짓이라고도 하는데 어쩌면 엄마의 존재감을 느낀 아기의 반응일지도 모르겠습니다.

갓 태어난 아기들이 머리를 한쪽으로만 돌리려고 해서 초보 엄마들이 애를 먹습니다. 행여 짱구가 될까 봐 걱정을 하지요. 저도 아이를 기를 때 그랬습니다. 머리를 돌리지 못하게 작은 베개와 같은 장애물을 겹겹이 사용하기도 했지만 아기의 의지를 바꿀 수 없었습니다.

그러던 어느 날, 젖을 먹이다 흘린 젖을 닦은 가제 수건을 아기가 머리를 돌리는 반대쪽에 놓아두었는데 아기가 그쪽으로 머리를 돌리는 것입니다. 한사코 한쪽으로만 돌리던 머리를 반대쪽으로 스스로 돌리는 것을 보고 얼마나 신기했는지 모릅니다. 아기의 의지를 돌려놓은 것은 바로 엄마의 젖 향기였던 것입니다. 훗날, 이 같은 아이의 반응에 대해 방송에서도 방영된 것을 본 적이 있습니다.

저처럼 고민하는 초보 엄마들이 많았나 봅니다. 그러나 이것은 모유 수유를 할 때만 해당됩니다. 우유 수유를 하는 엄마는 조금 다르겠지요.

포유동물의 향기 세계는 더욱 강렬합니다. 어미는 새끼의 몸을 핥으면서 새끼에게 어미의 존재를 각인시킵니다. 어미가 새끼를 알아보고, 새끼가 어미를 알아보는 이 과정은 아주 중요합니다. 어미와 새끼를 일생 동안 연결하는 연결고리를 만드는 과정입니다. 단 5분만 같이 있어도 이 각인은 형성이 되는데 동물에 따라 1시간이 소요되기도 합니다. 이 각인 과정을 거치지 않으면 어미와 새끼는 영원히 남남처럼 살아갑니다.

향기는 시공간을 초월합니다. 향기는 뇌에 명료하게 각인되어 있어서, 어떤 향기를 맡으면 기억 속에 묻혀 있던 장면이 세월을 거슬러 순식간에 떠오릅니다. 향기와 관련한 기억은 세월이 흐른 뒤에도 손상되지 않습니다. 그때의 느낌마저 고스란히 살아납니다. 내게 각인되어 있는 향기와 관련한 느낌은 어떤 것이 있는지요?

좋고 싫음에 대한 향기명상을 해 보도록 하겠습니다.

내가 특히 좋아하는 향기는 무엇이고 싫어하는 향기는 어떤 것이 있는지 생각해 봅니다. 좋고 싫은 향기와 관계되는 기억은 없는지 떠올려 봅니다. 좋거나 싫은 것은 정해진 것이 아니라는 생각을 해 봅니다.

오늘 내가 느꼈던 향기는 무엇이고 그것에 대한 느낌은 어떠했는지 생각해 봅니다.

깊이 호흡하며 지금 이 순간의 향기를 느껴 봅니다.
숨을 들이쉬며 코끝에 전해지는 숨을 느낍니다.
숨을 잠시 멈추며 그 느낌을 음미합니다.
숨을 내쉬며 코끝으로 나가는 숨을 느낍니다.
숨을 잠시 멈추며 그 느낌을 음미합니다.
들숨
멈춤…
날숨
멈춤…

향기, 즐기다

주위 사람들이 나를 인정해 주지 않는다고 느껴지나요?

내가 먼저 나를 사랑하고 인정해 주세요.

자기 자신부터 스스로를 사랑하고 인정하면 그 파장이 주위로 확대되어

다른 사람들도 나를 우호적으로 보고 인정해 주기 시작합니다.

 사랑 맞이

　사랑하는 사람들은 행복합니다. 그러나 사랑하기 때문에 불행하기도 합니다. 사랑한다고 해서 반드시 행복한 것만은 아닙니다. 누군가를 깊이 사랑하면 할수록 괴로움은 깊어질 수 있습니다. 처음에는 사랑으로 행복했지만 시간이 지날수록 상대의 결점이 눈에 들어오기도 합니다.

　아주 사소한 이유로 오해가 생기고 그것이 반복되면 서로에게서 벗어나고 싶어집니다. 결국 누군가는 먼저 헤어짐을 준비하게 됩니다.

　헤어지면 어느 쪽이나 힘들겠지만 특히 이별을 선고받은 쪽은 더욱 견디기가 버겁습니다. 요샛말로 쿨하게 헤어지기는 했지만 자꾸만 가슴이 답답해집니다. 자신이 무엇을 잘못했는지, 어떻게 했어야 했는지 반추하며 후회하기도 합니다. 배신당한 분노 때문에 잠 못 드는 불면의 밤이 이어지기도 합니다.

어떻게 사랑이 변할 수 있는지 이해할 수도 없고, 이해하기도 싫습니다. 세상의 모든 것이 회색빛으로 변하는 우울 상태에 빠지고 맙니다. 사랑의 상처이지요.

다시는 사랑을 하지 못할 것 같습니다. 사랑 따위는 하고 싶지도 않아 합니다. 몸도 마음도 냉랭해지고 감동이 사라집니다. 헤어진 그 사람의 행복을 빌어 주다가도 새 사람이 생겼다는 소식이라도 들려오면 가슴이 아립니다.

어느 날 아들아이가 양복을 맞춰야겠다고 합니다. 다이어트도 해야겠다고 합니다. 갑자기 무슨 일이냐고 물었더니, 피식 웃으며 헤어진 여자 친구가 결혼을 한답니다. 헤어진 여자 친구가 결혼을 하는데, 결혼식에 양복을 맞춰 입고 가는 것까지는 이해가 가지만 다이어트까지 해서 용모를 다듬어야겠다는 발상은 조금 낯설었습니다.

아이는 두 달여를 애써서 단식도 하고 헬스장도 다녀 나름 자족할 만큼 체중을 조절했습니다. 디자인과 색깔을 고심하며 새 양복도 맞춰 입은 아이가 헤어진 여자 친구 결혼식에 다녀온다고 나가더니 새벽에 술이 만취해 들어왔습니다. 들어와서 한다는 말이 신랑이 정말 멋있더라는 것입니다. 그게 속상해서 한잔했답니다.

알 수 없는 심리입니다. 남자는 헤어지고 나서도 멋있게 보이고 싶은 걸까요? 아니면 신랑보다 더 괜찮은 자신을 버리고 떠난 것을 후회하게 만들고 싶은 것일까요? 아들아이의 경우야 그렇다 치더라도 어찌되었든 사랑하다 헤어지면 가슴이 아픈 것은 당연합니다.

사랑하다 헤어져서 가슴앓이를 하고 있는 사람들에게 저는 명상적인 측면에서 이렇게 말하고 싶습니다.

"당신의 과제는 사랑하는 대상 속에 숨어 있습니다."

특히나 사랑하는 사이에는 서로가 서로에게 전해야 할 메시지를 지니고 있습니다. 상대를 통해 체험해야 할 영혼의 과제가 있습니다.

이 삶은 일종의 교육장입니다. 내 영혼이 배워야 할 것들을 익혀 가는 교육 현장이 바로 이곳이지요. 지식으로 얻은 배움은 영혼이 진화하는 과정에 별로 도움이 되지 않습니다. 몸으로 체득한 것들, 느낌으로 다가온 것들이야말로 진정한 배움이 됩니다. 조금 냉정하게 여겨질지 모르지만, 서로에게 배워야 할 과제가 해결되면 더는 같이 있어야 할 이유가 없어지기에 결국 헤어지게 됩니다.

헤어짐을 달리 표현하면, 자기 영혼의 진화 정도에 따라 한 단계 업그레이드가 되는 과정이라고나 할까요. 다음 단계로 넘어가야 하는 시기가 되면 어떤 이유로든 헤어지게 됩니다. 이별 후에는 헤어진 상대 속에 감춰져 있던 메시지가 무엇인지 생각해 보는 것이 좋습니다. 그렇지 않으면 비슷한 타입의 사람과 또다시 사랑에 빠지고 맙니다. 그리고 또다시 같은 문제로 갈등하는 일이 반복해서 일어납니다.

세상이 무너질 것 같은 비통함에 잠겨 있는 사람들에게는
이 말이 냉혹하게 들리고 수긍하고 싶지 않을 것입니다.
그러나 당신이 안식할 수 있는 더 깊고 따뜻한 사랑은
분명이 지금 어딘가에서 기다리고 있습니다.
그 사랑을 맞이할 마음의 준비가 끝나면
그 사랑은 당신에게 다가올 것입니다.

인정

　자기 자신을 지극히 낮게 평가하는 사람이 있습니다. 이렇게 낮게 평가하는 상태가 오래 지속되면 결국 자기애도 함께 낮아집니다. 자기애가 낮아지면 우울해지고, 우울한 파장은 자신의 주변에도 영향을 끼칩니다. 우울한 파장은 알게 모르게 내가 만나는 사람들에게까지 전이되고 나는 상대방들에게도 낮은 평가를 받는 악순환을 겪게 됩니다.

　직장에서도 지적을 당하고 인정받지 못하게 됩니다. 이직을 하거나 부서를 옮겨 보지만 마찬가지의 상황이 펼쳐집니다. 그때야 비로소 자신에게 원인이 있지 않을까 생각하게 되지요.

　주위 사람들이 나를 인정해 주지 않는다고 느껴지나요? 내가 먼저 나를 사랑하고 인정해 주세요. 자기 자신부터 스스로를 사랑하고 인정하면 그 파장이 주위로 확대되어 다른 사람들도 나를 우호적으로 보고 인정해 주기 시작합니다.

특히, 성격적으로 완벽주의인 사람들은 자신에 대한 평가도 엄격하여 좀처럼 자신을 인정하려 하지 않습니다. 늘 자신과 주변에 대해서 불만을 가집니다. 엄격한 잣대를 들이대어 모자라는 점만 눈에 띄고 신경에 거슬리기 때문입니다.

자기 자신을 인정한다는 것은 성인인 내가 내 안에 있는 어린아이, 즉 심리학적 용어로는 '내면아이'를 사랑하고 인정하는 것입니다. 이것은 어느 누구에게 인정받는 것보다 중요하고 효과적입니다. 자신을 인정하지 않는 사람은 아무리 훌륭한 사람에게 인정받고 칭찬받는다고 하더라도 그것을 순수하게 받아들이지 못합니다. 그리고 그 진의를 의심합니다. 마음속으로는 '그럴 리가 없어.'라고 생각하는 것이지요.

자신을 사랑하고 인정하는 사람은 타인으로부터 칭찬을 들으면 순수하게 받아들입니다. '아, 그래요? 별로 그렇지 않은데…' 하면서도 '감사합니다.'라며 웃습니다. 그 순간 칭찬한 사람은 물론, 받아들이는 자신에게도 빛이 감싸며 주변의 파동은 높아집니다.

반면에 자기평가가 낮은 사람은 칭찬을 들어도 그것을 순수하게 받아들이지 못합니다. 왜냐하면 스스로가 그렇지 않다고 생각하기 때문입니다. 상대방이 빈말을 하는 것이라 여기고 별로 기뻐하지 않고 시큰둥하게 응대하고 맙니다. 칭찬을 한 상대방이나 그렇게 응대하는 자신의 파동은 낮아지고 분위기는 어두워집니다.

자기평가가 낮은 사람은 자신에게 뿐만 아니라 모든 외부적인 것을 보는 시각도 부정적인 경우가 많습니다.

이런 사람과 대화하면 주로 불평불만인 대화가 화제가 되어 버립니다. 세상은 그리 만만치 않고 현실은 냉혹하다는 식이지요. 분위기가 급속도로 어두워지고 대화하는 상대방도, 말하는 자신도 에너지가 고갈되기 시작합니다.

간혹 그런 경험이 있으실 겁니다. 누군가와 만나 이야기하면 극도로 피로감이 느껴지고, 또 다른 누군가와 만나면 왠지 기분이 좋아지고 힘이 났던 경우 말입니다. 그 사람이 지니고 있는 파장이 전이가 되는 것이지요. 가장 먼저 자기 자신을 사랑하고 인정하도록 합니다. 그러고 난 후에 주위의 변화를 느껴 보십시오. 나를 바꾸면 주변이 바뀌고, 내 인생이 바뀝니다.

소울메이트

영혼의 동반자, '소울메이트'라는 단어를 들으면 왠지 마음이 따뜻해지고 행복감에 젖습니다.

이 단어는 지니고 있는 에너지 파동이 높아 미혼자들이 모여 있는 장소에서 이 단어를 쓰면 밝은 핑크빛 파장이 잔물결처럼 퍼져 나가는 것을 느낄 수 있습니다. 마침 배고픔을 느끼고 있던 차에 간식 시간이라는 말을 들은 어린이가 느낄 법한 행복한 파장이 그곳에 가득합니다.

아직 미혼인 사람들은 자신의 소울메이트가 누굴까 궁금합니다. 언제 만날 수 있을지, 과연 만날 수 있기나 한지 조바심을 내기도 합니다. 연인이 있는 사람들도 지금 이 사람이 나의 소울메이트가 맞는지 잠깐잠깐 의심해 보기도 합니다.

소울메이트란 어떤 사람을 일컫는 것일까요? 일반적으로 소울메이트는 평생에 한 사람뿐이라고 알려져 있습니다. 그러나 영혼적인 측면에서 말하자면 소울메이트는 다수입니다. 내가 만나 사랑한 사람 모두가 나의 소울메이트입니다. 내게 사랑과 헤어짐, 인생의 다양한 체험을 하게 해 준 그 상대가 바로 소울메이트입니다.

영혼세계에서 우리는 서로 약속하고 이 삶에 온다고 합니다. 서로가 서로에게 배움을 주기 위해 각자의 역할을 맡고 그 약속에 충실한 만남을 가진다고 하지요. 이 이야기가 이해된다면 이제껏 나와 만난 모든 소울메이트에게 감사와 사랑을 보내야 한다는 것을 알게 됩니다. 미워할 것도, 분노할 것도, 그로 인해 절망할 것도 없는 것이지요.

사랑하는 사람과 헤어져 마음의 상처를 간직한 사람들은 새로운 사랑을 하기가 두렵습니다. 혼신의 힘을 다해 사랑했는데 그 사랑이 배신으로 돌아온 기억이 있을 때 그 두려움의 정도는 더욱 심합니다. 마음의 문을 닫고 새로운 사랑이 다가와도 무감동하거나 움츠러듭니다. 그러나 그 사랑이 있었기에 내 눈과 마음이 밝아져 이제껏 보지 못했던 것을 볼 수 있게 됩니다.

"넘어진 자리에서 황금을 줍는다."라는 외국 속담이 있습니다. 넘어졌기 때문에 발견하게 되는 작은 풀꽃, 혼자 남겨졌기에 들을 수 있는 작은 새의 지저귐 등, 그 무언가가 있었기에 만나는 새로운 세상이 있습니다.

어쩌면 그 무언가는 삶에서 가장 중요한 것들을 간과하는 나를 위해 영혼이 준비한 교육 과정인지도 모릅니다. 실연이나 이별이라는 가슴 아픈 체험 역시 그러한 시각에서 바라보면 내 영혼의 깊은 배려임을 알 수 있습니다.

잘생기고 건실한 청년 한 사람을 알고 있습니다. 제 아들과 또래이기에 그저 일하는 모습이 기특하고 믿음직하고 사랑스럽기만 했습니다. 애인이 있을 법도 한데 없다고 했습니다. 주변에 좋은 여성들도 있는 것 같았지만 별 관심을 보이지 않았습니다. 그저 묵묵히 일만 할 뿐이었습니다.

어느 날 제가 물었습니다. 왜 사랑을 하지 않느냐고요. 몇 번인가 거듭된 질문 공세에도 그저 빙긋이 웃음으로만 답하던 그가 어느 날 제게 말했습니다. 사랑을 하면 너무 혼신의 힘을 다해 하기 때문에 이제는 그런 사랑을 할 수 있는 여력이 남아 있지 않다고요. 언제나 상대가 만족하게 정말 마음을 다 바쳐 최선을 다하다 보면 어느새 지쳐 있는 자신을 발견하게 된다고 합니다.

묘하게도 이런 타입의 사람은 완전히 반대 성향의 사람을 만나게 됩니다. 사랑을 주기만 하는 사람과 사랑을 받기만 하는 사람이 만나게 되지요.

어찌 보면 참 이상적입니다. 한 사람은 사랑을 주는 것에 행복감을 느끼고, 상대는 사랑을 받는 것에 행복감을 느끼니 참으로 이상적이라 할 수 있겠지요. 그러나 시간이 흐르면, 받는 사람은 감동이 무디어지기 마련입니다.

처음에는 그 사랑에 가슴 가득 감동받지만 어느덧 익숙해지지요. 무엇을 해 주어도 감동이 없고 당연한 것으로 받아들이게 되며 상대에게 슬슬 불만이 생기기 시작합니다.

최선을 다하는 상대를 그다지 귀하게 여기지 않고, 자신은 당연히 그런 귀한 대접을 받아야 하는 존재로 생각합니다. 설렘도 없고 감사함도 없습니다. 의례적인 관계가 이어집니다.

사랑을 주는 쪽에서도 처음에는 주는 행복감에 도취되어 힘든 줄 모르다가 시간이 지나면서 점차 지쳐 갑니다. 감사함이 없고 돌아오는 사랑에 보답도 없으니 자신이 좋아서 시작한 사랑임을 알면서도 에너지가 고갈되기 시작합니다. 기쁨이 없고 전해오는 무감동과 냉랭함에 자주 절망합니다. 그래도 사랑을 주는 쪽은 최선을 다합니다.

　그러다가 어느 날, 마치 팽팽하던 고무줄이 끊어지듯, 고무풍선에 바람이 빠지듯, 더는 힘을 낼 수 없는 날이 다가옵니다. 사랑을 주는 것에 기쁨을 느끼는 사람은 자신의 그런 상태를 견딜 수가 없습니다.

　그리고 결국 상대를 떠나기로 결심합니다. 최선을 다했기에 미련도 없습니다. 깨끗하게 자신의 사랑을 포기합니다.

　사랑을 받기만 했던 쪽은 황당해합니다. 처음에는 별 느낌 없이 헤어집니다. 어쩌면 상대가 자신을 떠날 수 없으리라고 확신하기도 합니다.

　시간이 흘러 둘 사이의 이별이 기정사실로 인식되면 그제야 그가 자신에게 얼마나 잘해 주었는지, 자신이 얼마나 깊은 사랑을 받았는지를 느끼기 시작합니다. 더욱이 자신 또한 그를 많이 사랑하고 있었음을 깨닫습니다. 뒤늦게 그가 귀한 사람임을 알아보고 다시 시작하기를 원하지만, 이미 때는 늦습니다.

사랑을 주던 쪽은 자신의 사랑을 후회하지 않고, 그 사랑을 다시 시작하고 싶어 하지도 않습니다. 이미 다시 시작할 수 있는 여력이 남아 있지도 않습니다. 이것이 사랑의 패턴 중에 하나입니다.

그 청년의 이야기를 듣고 저는 충분히 공감했습니다. 그리고 그 청년이 다시 사랑할 수 있기를 마음으로 소망했습니다. 반드시 그 청년의 순수한 사랑을 귀하게 받아들일 상대가 있으리라 믿었습니다. 그러던 어느 날, 그 청년의 잘생긴 얼굴에 빛이 나는 것을 보았습니다. 몸 전체에서 그야말로 오라가 뿜어져 나오고 있었습니다. 무슨 좋은 일이 있구나 싶었지요.

그는 저를 보자 만면에 미소를 지으며 다가와 말했습니다. 드디어 다시 사랑할 용기를 내게 되었다고요. 이번에는 자신과 성향이 비슷해 다른 사람을 배려하고 사랑하는 것을 기뻐하는 그런 상대라고요. 그 사람이라면 다시 사랑을 시작하고 동반자로 일생을 함께할 자신이 생긴다고 했습니다. 저는 그 말을 듣고 얼마나 기뻤는지 모릅니다.

하나의 사랑이 끝났다고 절망하지 마십시오. 하나의 사랑이 끝나면 당신이 만나야 할 운명적인 사랑이 다시 다가옵니다. 당신이 겪은 그동안의 슬픔과 허무, 외로움을 품어 안을 나만의 멋진 소울메이트가 다가옵니다. 그러니 힘을 내십시오.

물론 슬퍼할 때는 슬픔을 억제하지 말고 슬퍼해야 합니다. 화를 내고 싶으면 얼마든지 화를 내고 소리를 지르며 발산합니다. 충분히 당신 안에서 올라오는 감정을 느끼고 표현하십시오. 그것이 멍울이 되어 당신 가슴을 무겁게 하지 않도록 심호흡으로 발산해 냅니다. 그리고 자신의 역할을 충실히 하고 떠나간 그 사랑에게 안녕을 고해 주세요. 그 사랑이 있었기에 새로운 사랑이 있는 것이니까요.

그 청년은 두 달 후에 결혼한다고 합니다. 아마 청년과 그 짝은 서로를 배려하며 잘 살아갈 것입니다. 왜냐하면 이미 무엇이 소중한 것인지 깊이 체험해서 알고 있기 때문입니다. 그들에게 축복을 보냅니다.

향기로 기억하기

　자신이 정말로 하고 싶은 말을 하지 못하고 살아가다 보면 여러 가지 증상이 생깁니다. 누구나 다 본심을 말하고 살 수 없겠지만 그 스트레스가 심한 경우는 목 주위에 이상이 생기기도 합니다. 목이 자주 막힌다거나, 흡연을 하지 않는데도 가래가 자꾸 생긴다거나, 감기에 자주 걸려 기침을 한다거나, 갑상선에 이상이 생겼다거나 할 때는 한 번 자신의 내면을 점검해 볼 필요도 있습니다. 이 같은 증상은 모두 목차크라 에너지가 정체되어 생기는 증상으로 볼 수 있습니다.

　하고 싶은 말을 못하고 침묵하거나, 자신의 본심과는 다른 말을 하며 살고 있을 때, 영혼이 몸을 통해 내게 보내오는 메시지일 수 있습니다. 자신의 본마음을 잘 말할 수 없는 이유는 과거 속 어느 시점에서 솔직하게 말했기 때문에 상대방이나 자신에게 상처를 준 기억이 원인일 때가 많습니다. 다시는 그 경험을 하고 싶지 않다는 두려움과 염려가 만들어 낸 결과지요.

이를 치유하기 위해서는 진심을 말해 좋은 결과를 얻는 체험을 할 필요가 있습니다. 그러면 과거 속의 그 부정적인 기억이 희석되고 플러스 요인으로 작용합니다.

믿을 만한 사람에게 진심을 이야기해 보세요. 서로 어떤 기분인지, 무슨 생각을 하고 있는지 알 수 있어서 서로 더욱 친밀해지는 계기가 될 것입니다. 이 체험을 통해 속내를 말하는 것이 긍정적인 기억으로 자리 잡기 시작합니다. 점차 본심을 말하는 것에 대한 두려움이 걷히면서 후련해집니다. 더불어 불편했던 목이 치유되는 것을 느낄 수 있습니다.

 도움 에너지

고도원의 아침편지 명상센터인 '깊은산속옹달샘'의 다양한 명상 프로그램 중에 어떤 프로그램에나 빠지지 않고 들어가는 기본적인 명상이 있습니다.

숲길을 걸으며 자연과 하나가 되고 자기 자신과도 하나가 되는 체험을 하는 '걷기명상'과 통나무로 굳은 몸 이곳저곳을 펴 주며 스스로의 몸과 만나는 '통나무명상', 춤을 추며 몸과 마음의 맺힌 곳을 풀어 주는 '춤명상', 향기를 통해 몸과 마음, 영혼을 정화하는 '향기명상'이 그것입니다.

저는 그중에서 '향기명상'을 강의합니다.

향기명상 강의 내용 중에 자신이 지니고 있는 파동을 알아보는 간단한 진단을 하는 시간이 있습니다. 먼저 평상시 자신의 힘 정도를 체크하는 오링 테스트를 합니다. 두 사람씩 짝을 이루어서 손가락으로 오링을 만들어 떼어 본 후, 떨어지는 힘의 강도를 기억합니다.

그다음에는 참가자들에게 수정을 나누어 주고 오링 테스트를 다시 한 번 합니다. 높은 파동을 지닌 수정은 쥐고 있기만 해도 몸 에너지는 순식간에 바뀌어 오링을 만드는 손가락의 힘이 세집니다. 모두들 그 변화에 놀랍니다.

다음에 이어지는 실험은 1분 명상입니다. 우선 들고 있는 수정을 다 내려놓고, 손의 에너지도 털어 낸 다음에 1분 동안 잠시 명상을 합니다. 저는 사랑하는 사람의 얼굴이나 이름, 가장 신나고 행복했던 순간을 떠올리도록 멘트를 보냅니다. 1분 동안 짧은 명상을 한 후, 같은 파트너끼리 다시 오링 테스트를 합니다.

이때 모두들 놀랍니다. 수정을 지녔을 때보다 더 강도가 센 힘이 나오기 때문입니다. 처음 오링을 만들었던 자신의 힘과 비교가 안 될 정도로 힘이 세진 것을 느낍니다. 여기저기에서 신기하다는 듯 탄성이 터져 나옵니다. 어떤 마음을 먹었는가가 몸 에너지를 순식간에 바꾸는 것을 스스로 체험하는 시간입니다.

한 기업체 연수 강의 시간이었습니다. 다들 많이 지쳐 있고, 무엇을 해도 반응이 없는 무기력한 상태에 있다는 귀띔이 있었습니다. 강사가 던진 말에 피드백이 없는 가라앉은 분위기라는 것입니다. 강의를 진행하는 강사에게 참 버거운 대상인 것이지요.

저는 이 기업체 강의를 할 때 오링 테스트에 한 가지를 더 추가했습니다. 두 사람씩 한 조였는데 2조씩 서로 다가앉게 하고 서로가 서로의 등에 손 하나를 올려놓는 실험을 하게 했습니다. 사랑과 감사의 마음으로 손을 올려놓으라고 했습니다.

모두 남자들로만 이루어진 팀이었고, 친밀하지도 않았기에 서먹해하는 것이 느껴졌습니다. 그런데 그 이후의 반응은 대단했습니다. 그저 손을 올려놓았을 뿐인데 오링을 만든 손의 힘이 바뀐 것을 체험한 분들은 탄성을 터뜨렸고 자발적으로 돌아가며 서로 손을 대 보는 것이었습니다. 자신이 누군가에게 이처럼 힘이 될 수 있다는 사실이 큰 기쁨을 주는 듯했습니다.

이후에 진행된 강의 시간은 참으로 감동적이었습니다. 모두의 눈빛이 바뀌었습니다. 마지못해 취하던 동작을 점차 자발적으로 하기 시작했으며 명상할 때도 마음을 열고 깊이 체험하는 모습을 볼 수 있었습니다. 다음 프로그램들은 모두 순조롭게 진행되었고 참가자들이나 진행자들 모두 밝게 프로그램에 임하는 모습을 지켜볼 수 있었습니다.

　세로토닌이 부족하면 우울증에 걸린다고 합니다. 햇빛을 받으며 걷거나, 운동 등을 하면 세로토닌 증가에 도움이 됩니다. 향기 중에는 라벤더나 버가못, 클라리세이지 등이 세로토닌 분비를 촉진시킵니다. 이러한 향기를 맡으면 빠른 시간 안에 우울한 기분이 개선됩니다.

　그런데 햇빛이 없어도, 걷기 운동을 하지 않아도, 향기가 없어도 세로토닌을 순식간에 분비시킬 수 있는 방법이 있습니다. 그것은 누군가를 도와주어야겠다고 결심하는 것입니다. 그 생각을 하는 순간 뇌에서 활발하게 세로토닌이 분비되기 시작한다고 합니다.

　지하철 계단에서 무거운 짐을 들고 있는 할머니를 발견하고 짐을 들어 드려야겠다고 생각하는 순간, 세로토닌은 분비되기 시작하고 우울증에서 벗어납니다. 내가 누군가에게 도움이 된다는 생각은 기쁨으로 작용하고, 몸과 마음에서 생동하는 에너지가 생기는 것이지요.

누구나 그런 경험이 있을 것입니다. 계획하지 않았던 작은 친절을 베풀고 상대에게서 고맙다는 인사를 들었을 때, 가슴이 따뜻해지고 미소가 피어납니다. 돌아서는 발걸음이 날아갈 듯 가벼워집니다.

마음만으로 호르몬이나 신경전달물질의 분비를 조절할 수 있다는 것을 알 수 있습니다. 지구상에서 가장 주파수가 높은 광석인 수정보다도, 세로토닌을 분비시키는 햇볕보다도, 우울증에 좋은 향기보다도 마음이 더 강한 에너지를 만들어 낼 수 있습니다.

도종환 시인은 이런 글을 썼습니다.

"나무가 열 장의 잎을 생산한다면, 두 장은 자신의 성장을 위해, 두 장은 꽃과 씨앗을 만들기 위해, 두 장은 자신을 지키기 위한 물질을 만들기 위해, 두 장은 숲의 다른 생물들을 위해, 나머지 두 장은 스스로에게 저장되는 몫"이라고요.

아름다운 글입니다. 숲의 다른 생물들을 위해 두 장을 쓰는 나무들처럼, 다른 이들을 위해 나의 에너지를 쓰는 일은 어쩌면 잃어버린 나의 모든 에너지를 다시 찾는 길일지도 모릅니다.

　무기력했던 기업체 연수팀원들이 자신의 손 올림 한 번이 상대방에게 힘을 준다는 사실을 안 순간, 알 수 없는 활기에 휩싸이는 것을 바라보며 느낀 단상입니다.

세로토닌이 부족하면
우울증에 걸린다고 합니다.
햇빛을 받으며 걷거나, 운동 등을 하면
세로토닌 증가에 도움이 됩니다.
향기 중에는 라벤더나 버가못, 클라리세이지 등이
세로토닌 분비를 촉진시킵니다.

# 자유 욕망

삶은 순간순간 창조의 연속입니다.

창조의 주체는 바로 나입니다. 내가 생각하고 내가 결정하고 내가 행동합니다. 그러나 우리는 스스로 한계를 지어내어 불가능을 창조합니다. 이러저러한 이유로 창조를 이룰 수 없는 수많은 이유의 창조를 만들어 냅니다. 그조차 창조이기에 그대로 적용되고 현실로 드러납니다. 창조를 할 수 없는 이유를 창조해 내는 것이지요.

이러한 메커니즘을 진실로 이해하게 된다면 창조의 행위를 그만두는 것 또한 가능합니다. 생각한 순간 멈추면 됩니다. 무언가 내가 이루고자 하는 것을 얻기 위해서는 수많은 관문을 통과해야 한다는 선입견이 우리의 창조를 더욱 어렵게 만들고 있습니다.

쉽게 얻어지지 않을 것이라는 고정관념이 어려운 길을 창조하고 불러들이는 것이지요.

우리가 창조하기를 소망하는 것 중에 '꿈'과 '욕망'이 있습니다. '꿈'이라고 불리는 것은 어딘가 선하고, 아름다우며 긍정적입니다. 인류에 도움이 되는 이타적이고 멋진 소망을 의미하는 것 같습니다. '욕망'이라고 이름 짓는 것은 어딘가 은밀하고 이기적이어서 인류에 별로 도움이 될 것 같지 않은, 물질적이고 쾌락적인 바람인 것처럼 생각됩니다.

누구나 드러내기를 부끄러워하는 욕망을 저는 감히 꿈이라고 말하고 싶습니다. 그리고 그 욕망을 이루기를 간절히 소망하고 있다는 것을 자신 있게 드러내야 한다고 생각합니다.

우리는 욕망하는 것을 부끄럽게 생각합니다. 특히 그것이 물질적인 욕망일 때는 부끄러워하는 정도가 더욱 심합니다. 욕망하면 안 될 것이라는 작은 비난의 소리가 마음 한구석에 자리 잡습니다. 그렇다고 그 욕망을 떨쳐 버릴 수도 없습니다. 왜냐하면 내가 원하고 있기 때문이지요.

'원하는 나'와 그것을 원하는 사실을 '부끄러워하는 나'는 창조 공정에서 갈등을 빚습니다. 내가 이것을 원한다는 사실을 남들이 알게 되면 나를 어떻게 생각할지, 속물이라 생각하지는 않을지에 대해 우려하게 되어 내 욕망을 현실로 이루어내는 데 걸림돌로 작용합니다.

내 욕망을 당당히 이루기 위해서는 먼저 내 안의 부정적인 생각을 없애는 것이 가장 기본입니다. 자신이 왜 그런 욕망을 하는지를 살피고, 그것이 이루어지는 것을 저어하는 또 다른 수많은 이유를 나열하는 내 생각을 살핍니다. 그리고 그 욕망이 무엇이든지 그것에 문제는 없으며 그 욕망 자체가 수준이 높은지 낮은지에 대한 점수 또한 매길 필요가 없다는 것을 인지합니다.

저는 그동안 영적인 생활을 추구하면서 물질적인 소망을 갖는 것을 폄하해 왔습니다. 돈이란 항상 내 가치관의 덕목에서 가장 아래 순위에 있었고, 돈을 귀하게 여긴다는 것을 드러내는 어떠한 것에도 마음이 흔쾌히 동조한 적이 없었습니다. 그래서 짐짓 돈은 어찌 되어도 좋다는 식으로 남들과 자신에게 믿게 했습니다.

돈에 연연하는 사람들을 보면 실소를 보였으며, 보다 나은 가치관을 두고 왜 저리 낮은 세상에서 전전긍긍하고 있을까 연민의 마음으로 바라보곤 했습니다.

서점에 가면 부자가 되는 방법이 쓰인 자기계발서 코너 앞에 몰려 있는 사람들을 측은지심으로 바라보기도 했습니다. 어차피 이 삶을 떠날 때 돈은 지니고 갈 수 없을진대, 어찌 그리도 돈에 매달리고들 있는지, 그네들의 관심사를 좀 더 높은 정신적 세계로 이끌 수 없을까를 생각하기도 했지요.

우주의 법칙이 그렇듯이 나의 이러한 생각은 현실에서 심각한 도전을 받기 시작합니다. 돈이 없어서 자존심이 상하고, 돈이 없어서 신의를 잃고, 돈이 없어서 정신적인 세계를 온전히 추구하며 생활할 수 없는 상황들이 펼쳐지기 시작한 것입니다. 그것도 한고비를 넘기면 또 한고비 반복적으로 메시지를 보내왔습니다. 이래도 돈이 너에게는 하찮은 것이냐는 식으로 말이지요.

인생에서 메시지는 그것이 주는 의미를 깨달을 때까지 반복적으로 점차 강도를 더해 가며 다가옵니다. 피하면 피할수록 교묘하게 다가오지요. 만신창이가 되어 자포자기하게 되었을 때 비로소 그 의미를 알게 됩니다. 저 역시 예외는 아니었습니다. 그러나 메시지의 의미를 파악하게 되는 순간까지의 여정 또한 참으로 감사할 일입니다. 충분한 체험의 기간을 거치도록 하는 학습의 장이었기 때문이지요.

저는 지금 아주 당당히 욕망합니다. '나는 베스트셀러작가이다.' '나는 연봉 3억이다.'라고 말이지요.

제 글을 읽고 많은 사람들이 자신의 삶을 관조하고 살아갈 힘을 얻었으면 좋겠습니다. 돈을 많이 벌어 고통받는 곳에 마음만 보내는 것이 아닌 돈도 보낼 수 있으면 좋겠습니다. 이제는 저의 욕망을 부끄러워하지 않습니다. 속물이라는 생각도 당연히 하지 않습니다.

자신의 마음속에서 이처럼 욕망하면서도 부정하는 덕목이 있나요? 그렇다면 그 부정하는 마음을 명상해 보십시오. 그러면 그 안에서 단단히 무장하고 있는 내면의 고정관념이 얼굴을 드러낼 것입니다.

그 고정관념과 마주하고 대화하십시오. 이 세상에 폄하할 수 있는 것은 그 무엇도 없습니다. 내가 원하는 것을 이루는 것은 결코 부끄러운 것이 아니라고 말해 주세요.

　　우리는 이 순간 자유입니다. 나는 욕망할 수 있으며, 욕망한 것을 이룰 수 있습니다. 지금 욕망하십시오. 자유롭게 욕망하고 자유롭게 이루십시오. 그래서 욕망하지 못한 욕망에서 자신을 자유롭게 놓아주기 바랍니다.

 아름답게 늙다

'깊은산속옹달샘'의 부부학교 프로그램은 세 파트로 분류되어 있습니다. 이삼십 대 부부를 대상으로 하는 '꿈꾸는 부부학교', 사오십 대의 '중년부부학교', 오십 대 이후의 '금빛부부학교'입니다.

어느 날 무심히 프로그램을 들여다보다가 제 나이가 중년도 아니고 금빛 부부에 해당한다는 사실에 놀랐습니다.

나이가 쉰 중반이 되다 보니 문득문득 이렇게 스스로 놀랄 때가 있습니다. 이제 저는 노인 세대로 들어선 것입니다. 하기야 제 아들이 서른 살이니 제가 나이 든 것은 당연하겠지만, 나이를 망각하고 살아서인지 새삼스럽게 느껴졌습니다.

올여름에는 시간을 내어 자기계발 프로그램에 참석했습니다. 같은 방을 쓰는 룸메이트는 웰다잉을 강의하는 일흔이 되신 분이었습니다. 아침 식사 때 그 선생님께서 저를 바라보며 말씀하셨습니다. "젊어서 좋겠다."라고요. 그것도 한숨을 쉬시면서 말이지요. 그러시면서 당신이 제 나이 정도만 되었어도 배우고 싶은 것 다 배우고 하고 싶은 것 다 하고 살겠다고 하셨습니다.

　저는 무엇을 더 배우고 싶으시냐고 여쭈었습니다. 선생님은 춤을 배우고 싶다고 하시더군요. 춤 세라피를 하고 싶은데 마음과 달리 몸이 따라 주지 않는다고요. 나이 일흔에 자기계발 프로그램에 참여하신 것만 보아도 그분이 삶에 대해 얼마나 큰 열정을 가지고 계신지 짐작할 수 있었습니다. 아침 여섯 시부터 밤 열한 시까지 진행하는 프로그램 시간에 한 번도 지친 기색을 보이지 않으셨습니다. 대단하시지요.

　그분과 대화하면서 생각했습니다. '아직 나는 젊은 거구나, 저분은 내가 젊은이들을 바라보던 그 찬탄의 눈길로 나를 보시는구나.'라고 새롭게 제 자신을 바라보게 되었습니다. 그렇습니다. 제 나이만 돼도 무엇이든 할 수 있습니다.

더 젊은 사람들이야 말해 무엇하겠습니까? 그러나 우리는 언제나 자신이 무언가를 하기에는 너무 늦었다고 생각합니다. 그래서 일할 의욕이 생기지 않을 때는 어르신들과 대화하는 것이 큰 도움이 됩니다. 그분들의 지혜를 엿볼 수 있기 때문이지요.

'노인', '어르신'이라는 호칭은 몇 세부터 붙여야 할까요? 칠십 대, 팔십 대에도 젊은이들처럼 활동하는 분이 계신가 하면, 이십 대에도 마치 노인과 같은 '젊은 노인'들도 많기 때문에 애매합니다. 이제 초고령화 사회에 들어서서 '노인복지'라는 테마는 피할 수 없게 되었습니다. 이때 향기요법은 큰 도움이 됩니다.

저는 제자들과 함께 노인복지 요양시설이나 장애인 센터를 방문하곤 합니다. 모두 다 다닐 수는 없어서 몇 군데를 요일과 시간을 정해서 방문하고 있습니다. 처음에는 무심하던 어르신들은 이제 저희가 가는 날을 기다리고 있습니다.

병원에 가야 하는 날인데도 가지 않고 기다렸다고 활짝 웃기도 하셨습니다. 그러면서 아기처럼 아픈 데를 손으로 짚어 가며 말씀하셨습니다. 어르신들의 아픈 증상을 완화할 수 있는 여러 가지 에센셜오일을 섞어서 불편하다고 말씀하시는 몸 부위 이곳저

곳에 바른 후 만져 드리곤 했습니다. 어르신들은 에센셜오일들을 아로마오일램프에 떨구어 발향하면 매우 행복해하셨습니다. 몸이 불편하고 마음이 외로워서 힘들어하던 그분들은 저희가 돌아갈 시간이 되어 나오려고 하면 잡은 손을 놓을 줄 모르셨습니다. 어떤 분들은 눈물을 흘리기도 했습니다. 고맙다고, 참 고맙다고 말입니다.

향기는 젊은 사람들이나 여성들만의 전용물은 아닙니다. 오히려 어르신들에게 가장 필요한지도 모르겠습니다. 치매를 앓고 있는 어르신에게 향기는 큰 도움이 됩니다. 향기와 기억은 깊은 관련이 있기 때문입니다.

향기는 후각의 신경 경로를 통해 뇌의 기억에 관련한 중추 가까운 곳에 도달합니다. 치매에 걸린 어르신이 특정한 향기를 맡으면서 예전 기억이 돌아오고 증세가 호전되기도 한다는 연구 결과가 보고된 바 있습니다. 좋아하는 향기를 맡고 우울증을 앓고 있던 어르신의 얼굴색이 좋아지고 생기가 나기도 합니다.

활기를 되찾은 어르신은 때로는 당신 방으로 초대해 보물처럼 간직하고 있던 소중한 소지품을 선물로 주기도 합니다. 빛바랜

팔찌나 작은 주머니, 과자나 사탕 같은 것을 수줍은 듯 손에 쥐어 줍니다. 괜찮다고 사양해도 한사코 손에 쥐어 주는 것들을 받아 들면 가슴이 뜨거워지며 목이 메입니다.

누워 있기만 하는 어르신의 방에 발향하면 향기는 그 효력을 발휘합니다. 거의 누구나 좋아하며 살균 효과도 좋은 레몬 향기를 아로마램프로 발향하거나 스프레이로 분무하면 됩니다. 감기에 걸렸을 때는 유칼립투스 향기를 섞어 아침저녁, 계절에 따라 향기로 변화를 주면 좋습니다.

어르신의 방을 청소해 드릴 때, 걸레를 헹굴 때, 물에 레몬이나 유칼립투스를 떨어뜨리는 방법도 있습니다. 습진이나 가려움증의 피부질환이나 건선이 심해 살비듬이 떨어지는 경우에는 티트리와 라벤더를 캐리어오일에 섞어서 발라 드립니다. 티트리는 면역력을 높이고, 라벤더는 숙면을 유도하므로 어르신들에게 좋은 향기입니다.

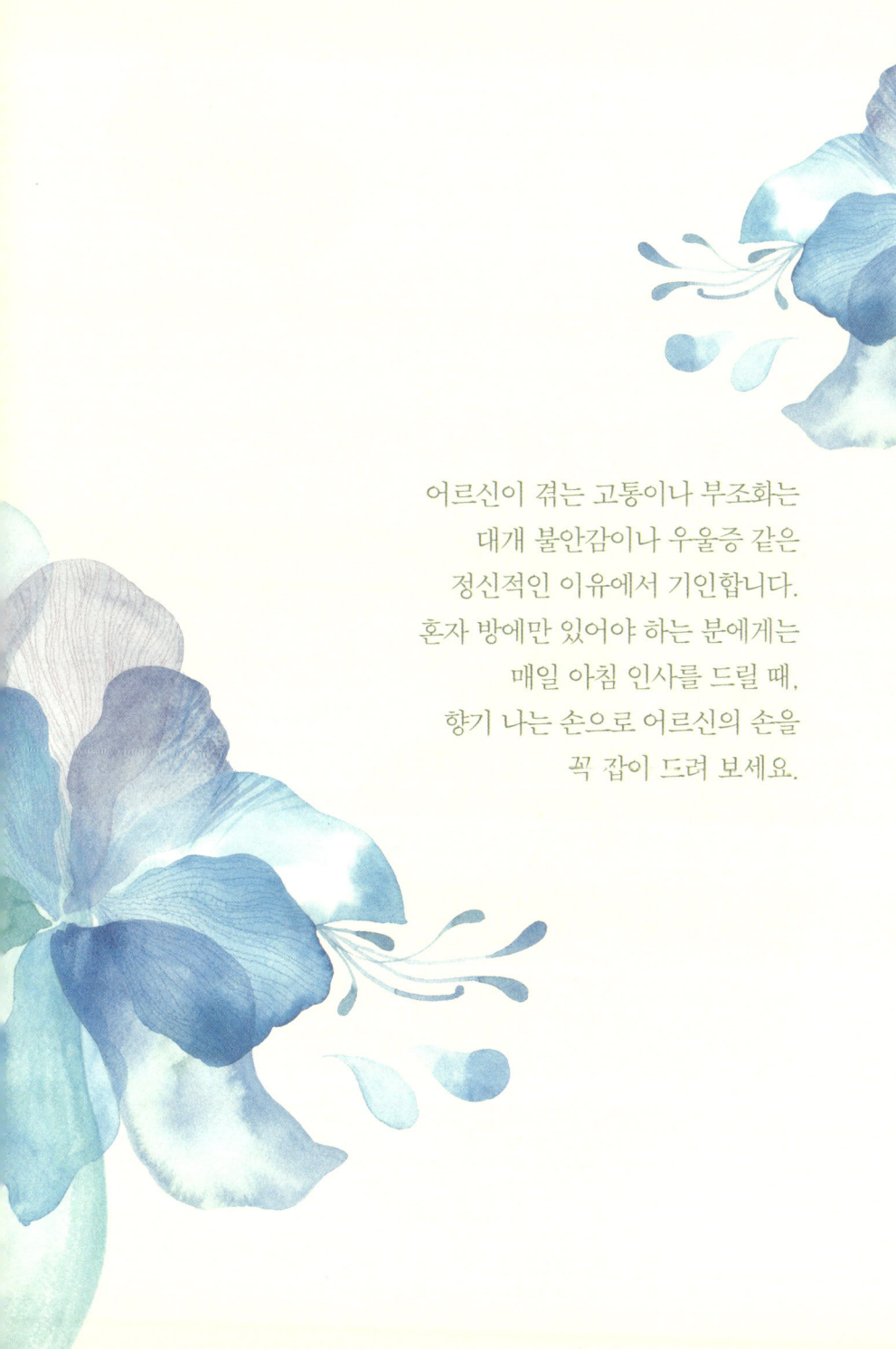

어르신이 겪는 고통이나 부조화는
대개 불안감이나 우울증 같은
정신적인 이유에서 기인합니다.
혼자 방에만 있어야 하는 분에게는
매일 아침 인사를 드릴 때,
향기 나는 손으로 어르신의 손을
꼭 잡아 드려 보세요.

향기, 나를 만나다

영혼의 메시지를 알아차리는 방법이 있을까요?
병에 걸렸을 때나, 사고를 당했을 때 잠시
멈추는 것입니다. 원인을 찾으려고 애쓰지 말고 그저
모든 사고와 말 그리고 행동을 멈추고
우리 내면과 마주하는 것입니다.

# 영혼의 메시지

　병에 걸리거나 사고가 나는 것이 우연히 일어나는 일이라고 생각하는지요? 우리 삶에서 우연히 일어나는 일은 없습니다. 특히 질병이나 크고 작은 사고는 우리의 영혼이 우리에게 주는 메시지입니다.
　흔히들 이렇게 생각합니다. '하필이면 이런 일이 왜 내게 일어났을까?' '그때 그곳에 가지 않았더라면 그 사고는 피할 수 있었을 텐데….'라고 말이지요. 그러나 과연 그럴까요? 그 사고를 피할 수 있었을까요? 다행히 사고를 피할 수 있었다고 할지라도 메시지는 다른 형태로 당신에게 또다시 주어집니다.
　우리는 병에 걸리면 그 원인을 찾아보려고 애씁니다. 당연한 일이겠지요. 음식, 과로 여부, 스트레스, 환경, 유전인자 등을 짚어 보겠지요. 같은 조건이라고 해도 누구나 다 똑같이 병에 걸리는 것은 아닙니다. 악조건 속에서도 병에 걸리지 않는 사람은 얼마든지 있습니다.

질병이나 사고로 영혼은 우리에게 메시지를 보냅니다. 그 메시지를 알아차리지 못하면 질병을 치료한다고 해도, 또 그 사고에서 회복된다고 할지라도 메시지는 다른 형태를 띠고 다시 반복될 것입니다. 아마도 강도가 조금 더해지겠지요.

그래도 만약에 메시지를 파악하지 못하고 반복해서 질병과 사고에 걸릴 만한 생활을 지속한다면 영혼은 아마도 강제로 우리를 멈추게 할지도 모릅니다.

메시지를 알아차리는 방법은 병에 걸렸을 때나, 사고를 당했을 때 잠시 멈추는 것입니다. 원인을 찾으려고 애쓰지 말고 그저 모든 사고와 말 그리고 행동을 멈추고 우리 내면과 마주하는 것입니다.

우리의 잡다한 생각이 멈춘다면, 당신을 염려하고 사랑하는 당신의 심층 의식에 있는 영혼의 소리가 들릴 것입니다. 그것을 느끼게 되는 순간, 진정한 의미의 치유를 경험할 수 있을 것입니다. 그것을 느끼고 난 이전과 이후의 삶은 확연히 달라집니다. 사랑하는 영혼이 보내오는 메시지 선물을 기쁜 마음으로 감사히 받으시기 바랍니다.

살아오면서 겪은 사고나 병에 대해 명상합니다.
사고나 질병이 생긴 전후의 기억을 떠올려 봅니다.
고요히 그 무렵을 떠올려 봅니다.
기억나는 것들을 음미해 봅니다.
무엇을 내가 알았어야 했는지도 생각합니다.
그때 가장 아팠던 부분을 떠올립니다.
몸 어디가 불편했는지 그 부위를 떠올립니다.
그때 통증은 어땠는지 지금은 어떤 상태인지 느껴 봅니다.
그 체험이 내게 주는 메시지는 무엇인지 생각합니다.
그로 인해 남겨진 상처는 무엇인지도 생각합니다.
그로 인해 얻은 것은 무엇인지도 생각합니다.
그 부위에 손을 얹고 사랑의 에너지를 보냅니다.
감사의 에너지를 보냅니다.
그 부위가 빛으로 둘러싸여 있는 것을 상상합니다.

그 부위에 미소를 보냅니다.
머리부터 발끝까지 하나하나,
부위 하나하나, 장기 하나하나에,
사랑과 미소를 보냅니다.
몸이 내게 보내오는 소리를 들어 봅니다.
마음이 내게 보내오는 소리를 들어 봅니다.

 몸의 신호

　　아기는 갓 태어나서 누구도 가르쳐 주지 않았는데도 저 혼자 할 줄 아는 것이 참 많습니다. 울고, 젖을 빨고, 재채기하고, 딸꾹질하고, 하품하고, 토하고, 소화하고, 배설하고, 팔다리를 움직이고, 보고, 듣고, 느낍니다.
　　태어나면서부터 아기는 자신에게 필요한 것을 이미 알고 제 부위를 적절히 사용합니다. 자신이 언제 먹고, 배설하고, 자야 하는지에 대한 모든 것을 알고 있습니다.
　　갓 태어난 아기는 자신을 전적으로 신뢰합니다. 엄마도 아기를 신뢰합니다. 엄마는 아기가 울면, 울음소리만으로도 그 의미를 압니다. 누가 가르쳐 주지 않아도 자동으로 엄마는 아기가 왜 우는지 알고 적절히 조치합니다.

그러나 엄마와 아기 사이에 형성된 신뢰감은 점점 옅어집니다. 아마도 아기에게 이가 생기고 아기가 이유식을 먹으면서부터일 것입니다.

엄마가 습득한 양육 지침에 따라 아기는 본능을 억제합니다. 엄마는 아기가 하루에 몇 번 먹어야 하는지 얼마큼 먹어야 하는지, 섭취해야 할 이유식의 양과 시간을 규정하기 시작합니다.

아기는 자신의 본능에 의해서가 아니라, 자신을 양육하는 사람이 정해 주는 대로 자신을 맞추어 갑니다. 아기의 몸이 진정으로 원하는 것이 아닌, 교육에 의해서 먹는 횟수와 종류 그리고 양이 정해집니다. 이때의 경험은 이후 무의식적인 지표로 평생 몸과 마음에 작용합니다.

배가 고프지 않아도 시간이 되면 먹어야 하고, 먹지 못할 상황이 되면 불안해집니다. 자라면서 우리는 무언가를 잘했을 때 먹을 것으로 보상을 받았습니다. 과자를 받던지, 아니면 대신 사 먹을 수 있는 용돈을 받거나 했습니다. 그래서 자신에 대한 보상을 은연중에 먹는 것으로 대신하는 습성이 몸에 배게 됩니다. 기분이 좋아도 먹고, 기분이 안 좋아도 먹습니다.

자신의 몸이 필요로 하는 것이 아닌데도 그저 습관적으로 먹고 마시고, 타인에게도 권합니다.

우리 몸은 무언가 부족하면 뇌에 신호를 보내 그 사실을 알립니다. 그러면 뇌는 부족한 것을 보충하기 위해 무언가를 먹고 싶게 합니다. 몸이 알아서 필요한 것을 먹고 싶어 하게 만드는 것입니다.

망망대해에 표류한 사람의 예를 들면, 그는 칠십여 일을 표류해 있는 동안 물고기를 잡아 연명했다고 합니다. 처음에는 물고기의 살만 먹었는데, 점차 물고기 살은 보고 싶지도 않고 평소에는 혐오했던 내장과 눈알만 먹고 싶더랍니다. 그의 뇌가 부족한 영양분을 채우기 위해 혐오하던 부분을 먹고 싶어 하도록 마음을 조절했던 것입니다.

구조대에 의해 구조된 그 사람은 영양 상태가 좋았답니다. 그러기에 사실상 우리는 언제 무엇을 어느 정도 먹어야 할지 고민할 필요가 없습니다. 몸이 원하는 것을 먹으면 되니까요. 우리가 몸에 대한 신뢰감을 회복한다면 몸에 대해 무엇을 해야 할지 염려할 필요가 없습니다.

우리는 몸이 원하는 것이 아닌 기분과 습관에 의해서 음식을 먹습니다. 그러고는 강제로 다이어트를 하며 스트레스를 받습니다. 우리 마음대로 음식을 섭취해 잉여 물질을 쌓아 놓고 다시 음식을 공급하지 않거나 지나치게 절제합니다. 극에서 극으로 가는 행동을 반복하는 것입니다. 몸과 마음이 받는 스트레스는 또다시 음식으로 보상을 하게 되고 악순환은 반복됩니다.

평소 우리가 자신의 몸에 무엇인가 지시할 필요가 있었는지요? 위에게 소화시키라고, 간에게 해독하라고, 심장에게 천천히 뛰라고 지시할 수 있겠습니까? 일일이 지시한 대로 몸이 움직여야 한다면 우리는 아마 생명을 유지하기 어려웠을 것입니다. 지시하는 것을 깜빡 잊기라도 하면 심장이나 다른 기관들이 멈출 수도 있겠지요.

이 귀한 시스템을 움직이게 하는 것은 우리 의식이 아니라 초의식입니다. 초의식이 섭취, 소화, 배설을 주관합니다. 우리는 다만 의식적으로 할 수 있는 것을 해서 몸을 도와주면 됩니다. 몸을 도와주기 위해서 우리는 의식을 확장하고 몸과 마음을 정화시켜, 영혼이 주는 메시지를 들을 수 있어야 합니다.

 # 젊음

저는 나이보다 젊게 보인다는 평을 종종 듣습니다. 그 비결을 묻는 분들도 많습니다. 강의가 끝나면 향기명상을 하기 때문이냐며 향기명상에 지대한 관심을 나타내는 분도 많습니다. 실제 나이보다 젊게 보이기를 원하는 것은 남녀를 불문하고 공통적입니다.

어르신들을 미소 짓게 하는 간단한 인사법 중에 하나는 연세보다 젊어 보인다는 말일 것입니다. 완고해 보이는 어르신들도 이런 인사를 받으면 쑥스러워하시기는 해도 얼굴에 미소가 번집니다. 그러면 어르신과의 마음 경계의 벽이 무너져 원래부터 아주 가까운 사이인 듯 대화할 수 있습니다.

동안을 선호하는 이유는 아마도 노화가 소멸을 연상시키기 때문일 것입니다. 삼라만상이 생성과 성장, 쇠퇴하는 시기를 거쳐 소멸되어 갑니다. 쇠퇴를 의미하는 노화 뒤에는 반드시 소멸을 의미하는 죽음이 기다리고 있어서 모두들 노화가 지연되기를 바랍니다.

노화와 함께 동반되는 것은 몸의 둔화나 질병으로 인한 통증 같은 것입니다. 표면에 드러나는 정도의 차이일 뿐 누구나 마음속에는 늙는다는 것에 대한 두려움이 자리하고 있습니다.

누군가가 저에게 일생 중에 어느 시기가 가장 아름다웠냐고 묻는다면, '지금'이라고 대답하겠습니다. 물론 지금은 흰머리와 주름살, 피부 처짐 등, 표면적인 노화가 현저히 진행되고 있는 상태입니다. 몸매 라인도 둥글게 변하고 몸도 유연하지 않습니다.

젊었을 적, 하늘거리던 긴 생머리와 투명하던 피부는 온데간데없습니다. 날씬했던 몸매는 어디로 사라졌을까요. 그러나 제 인생 어느 시기보다 저는 지금이 가장 아름답습니다. 앞으로도 아마 그럴 것이라고 생각합니다. 누군가가 말했듯이 지금 이 순간이 남아 있는 제 인생에서 가장 젊은 시기일 것이고, 이제까지 살아온 저의 전 인생이 고스란히 훈장처럼 담겨 있는 지금의 모습이 저는 좋습니다.

저는 제 모습을 사랑합니다. 객관적으로 보았을 때, 미모가 뛰어나지도 않고, 늘씬한 몸매를 가졌다고 볼 수 없습니다. 그렇다고 운동신경이 좋거나 자랑할 만한 탁월한 신체 기능의 소유자도 아닙니다. 그러나 저는 제가 사랑스럽습니다.

아침에 욕실에서 전라로 거울을 보면서 이를 닦습니다. 이를 닦으며 유심히 제 몸을 살핍니다. 가슴이나 배, 허리 라인도 옆으로 몸을 틀어 바라봅니다. 그저 바라보는 것만으로도 어제 하루를 어찌 지냈는지 느낄 수 있습니다.

불편함 없이 몸을 움직일 수 있는 것을 다행으로 여기며 천천히 몸을 닦습니다. 하루 중 몸을 닦는 시간은 제게 신성한 의식을 치르는 시간과 같습니다. 하루 시간을 안배할 때, 잠은 조금 줄이더라도 욕실에 있는 시간은 가급적 줄이지 않으려고 합니다. 제 몸을 온전히 만날 수 있는 유일한 시간이기 때문입니다.

배변도, 씻는 행위도 제게는 명상입니다. 가장 행복한 시간입니다. 살아 있음을 느끼고, 아직도 건재함을 느끼고, 하루를 또 선물받았다는 감사함을 만끽할 수 있는 시간입니다.

'있을 때 잘해'라는 대중가요가 있는 것으로 압니다. 정말 있을 때 잘하라는 말은 명언입니다. 우리는 내게 있는 것이 언제까지 있을 것으로 착각합니다. 내 몸도, 내가 사랑하는 사람도, 내가 집착하는 소유물도 언젠가 나를 떠날 때가 있습니다. 있을 때 챙겨 주고, 사랑하고, 감사하는 것은 정말 중요합니다.

날씬하지 않아도, 미인이 아니어도, 도자기 피부가 아니어도 남들과 비교해서 폄하하지 않도록 합니다. 내 힘으로 숨 쉴 수 있어서, 내 손으로 밥을 먹고, 혼자 걸어가 배변을 볼 수 있어서 고맙고 행복합니다.

누군가가 말했듯이, 물위를 걷는 것이 기적이 아니라, 땅 위를 걷는 것이 기적입니다. 들숨, 날숨을 산소호흡기에 의지하지 않고 숨을 쉬는 것 자체가 기적입니다.

사랑에 빠지면 예뻐진다고 합니다. 여성은 사랑을 하면 여성호르몬인 에스트로겐과 신경 펩티드인 엔도르핀이 잘 분비되어 피부가 촉촉해지고 탄력이 생기며 빛이 납니다. 많이 먹지 않아도 충족이 되기에 과식하지 않게 됩니다.

우리 내부에는 사랑이 결핍되면 허기진 것처럼 음식으로 그 공허감을 채우려는 충동 본능이 잠재돼 있습니다.

누군가와 사랑에 빠질 수 있다면 더할 나위 없겠지만 여의치 않다면 나르시스처럼 자신과 사랑에 빠져 보십시오.

자신을 격려하고 칭찬하며 사랑의 말을 들려주세요. 우리의 잠재의식은 진의 여부를 가리지 않고 그대로 받아들여 우리 몸의 사랑 시스템을 가동합니다.

하루하루가 지날수록 더욱 생기 있고 젊어질 수 있습니다. 흔히들 그렇게 인사하지요? "나이를 거꾸로 먹나? 왜 이리 안 늙어요?"라고요. 정말 늙지 않는 것은 아니겠지만, 나이가 드는 것이 그다지 신경 쓰이지는 않을 것입니다.

여인이 가장 아름다운 때는 '육십 대'라는 글을 읽은 기억이 납니다. 자신을 사랑하며 타인과 비교하지 않는 자존감을 지켜 간다면 아름다운 노년을 보낼 수 있습니다.

평균 수명이 현저히 늘어난 현재, 많은 사람이 얼마나 건강하고 활기차게 노년을 보낼 수 있을 것인가에 대해 지대한 관심을 보이고 있습니다. 예전 같으면 할머니, 할아버지 취급을 받을 연세인데도 지금은 그런 호칭을 붙여 부르기조차 민망하게 젊음을 유지하는 분들이 많습니다.

젊음을 유지하는 비결은 끊임없는 열정입니다. 이미 익숙한 것이 아닌 미지의 영역에 대한 왕성한 호기심을 잃지 않는다면 매 순간이 배움의 순간이고 어느 곳이나 배움의 장이 될 것입니다. 언제나 누구에게나 한 수 배우려는 자세를 잃지 않는 백세 청년 그룹이 탄생하는 날이 오겠지요.

오늘 나 자신과 사랑에 빠져 보지 않으렵니까?

 진동

    우주에 존재하는 모든 사물은 각기 자기 나름대로의 진동을 가지고 있습니다. 바위도, 나무도, 물도, 새도, 동물도, 그리고 사람도 모두 진동하고 있습니다.

    물질을 쪼개면 분자가 나오고, 그 분자를 더 쪼개면, 원자가 나옵니다. 그 원자 안에는 원자핵이 들어 있고, 그 핵마저도 쪼개면 마지막에는 소립자가 나옵니다. 소립자의 크기는 원자의 1억 분의 1이라고 합니다. 원자의 크기가 0.1나노미터여서 이 원자 안의 세계는 볼 수도 들을 수도 없는데, 그 원자 크기의 1억 분의 1이라면 대체 얼마만한 것인지 짐작조차 가지 않습니다. 이러한 신비한 세계를 다룬 학문을 양자물리학이라고 합니다.

    양자물리학자들은 물질 속에서 모든 것이 입자이면서 파동으로 변하는 불가사의한 세계를 발견했습니다. 그러나 어느 학자들도 이 불가사의한 세계 속에 존재하는 물질이 입자이면서 동시에 파동인 것은 볼 수 없었습니다. 왜냐하면 연구자가 양자를 연구할 때의 마음가짐이 입자를 보고자 한다면 물질은 입자로 그 모습을 나타내고, 파동을 보고자 한다면 파동으로 그 모습을 나타내기 때문입니다. 즉, 연구자의 마음가짐에 맞추어서 소립자는 자신의 형태를 드러내는 것입니다. 참으로 신비한 세계입니다.

　마치 소립자가 인간처럼 의식을 지니고 있다고 생각되지 않으십니까? 이러한 소립자들이 모여서 우리 몸을 이루고, 나무가 되고, 물이 되고, 동물이 되고, 우주 삼라만상을 이루고 있습니다.

　우리는 모두 같은 질료로 이루어져 있습니다. 모든 물질은 원자핵을 지니고 있으며, 그 원자핵 주위에는 전자가 돌고 있습니다. 그 전자의 수와 형태에 따라 모든 물질은 고유의 진동수를 가지게 됩니다.

　같은 몸 안에 들어 있는 장기일지라도, 장기에 따라 고유 진동수는 다릅니다. 심장은 심장의 진동수가 있고, 간은 간 나름대로, 위는 위 나름대로 고유 진동수를 가집니다. 그러나 모든 진동수는 고정되어 있지 않습니다. 언제든지 외부의 영향에 따라 변할 수 있는 가변성이 있습니다. 양자물리학자들의 생각에 따라 양자가 형태를 달리 나타내듯이 말이지요.

연구에 따르면, 우리가 질병에 걸렸을 때는 우리 몸의 주파수가 현저히 내려간다고 합니다. 이것을 달리 표현하면, 우리 몸의 진동수가 낮아졌을 때 질병에 걸리기 쉽다고 할 수 있습니다. 주파수가 낮아지면 그냥 지나갈 수도 있을 어떤 것이 발병 요인이 되기도 합니다.

조사 결과에 따르면, 대부분의 암 환자들이 암 발병 전에 사별이나 이혼, 직장 변동 등으로 힘들어 했고 그것이 스트레스로 작용했다고 합니다. 정신적인 충격이나 고통을 받으면 몸의 소립자 레벨에서 진동에 변화가 일어납니다.

우리의 세포는 분자, 원자, 소립자로 구성되어 있기에 진동이 낮아지면 몸 전체의 주파수 역시 낮아집니다. 몸의 주파수가 낮아지는 요인은 여러 가지가 있을 것입니다. 정신적인 것, 섭취하는 음식물, 호흡하는 공기 등 오염 여부가 영향을 미칩니다.

그중에서 가장 크게 영향을 미치는 것은 우리의 마음입니다. 분노하게 되면 심장의 이상이나 소화 장애를 일으킬 수 있습니다. 예전에 어르신들이 밥상머리 앞에서 운다던가, 안 좋은 이야기를 하면 꾸중하신 것은 충분한 이유가 있었던 것이지요.

분노나 질투, 공격적인 마음은 진동이 낮습니다. 이러한 마음을 갖는 것만으로도 질병이 발병할 수 있는 환경을 만들어 내는 것입니다. 그러기에 불치병에 걸렸더라도, 어느 순간 자신을 다 내려놓으면 기적적으로 치유되는 사례가 있습니다.

자신이 타인을 판단하고 분별하는 잣대, 물러서지 않는 고집, 어떠해야 한다는 강박적인 마음을 다 내려놓고, 종교에서 말하는 회심, 참회할 때에 소립자의 진동이 변하기 시작합니다. 이렇게 해서 원자의 진동이 고양되고 주파수가 높아지면 질병이 치유되기 시작합니다.

육체를 파괴하기 시작했던 힘은 주파수가 높아지면서 그 힘을 잃어 갑니다. 마치 얼음이 열에 의해 녹아 물이 되고, 그 물이 또 기화가 되어 흔적도 없이 사라지듯이 말입니다.

 # 마법 향기

살다 보면 어느 순간 지복의 순간을 맛보게 됩니다. 그 순간에는 그것에 이름을 붙일 수 없습니다. 그냥 그 상태 그 자체가 되기 때문입니다. 시간이 지나 그 당시를 회상하며 그때 나는 어떠했다고 명명할 수 있을 뿐입니다.

명상하는 많은 사람이 그런 순간을 한 번 맛보면, 다시 그 상태에 들고 싶어 수많은 시도를 합니다. 그러나 그 순간은 다시 돌아오지 않습니다. 추구하다가 지쳐서 오히려 그러한 순간이 있었다는 사실조차 잊어버린 듯 살다 보면 어느 날, 그 지복의 순간은 다른 모양으로 다시 모습을 드러냅니다. 그러나 그것은 이전과 참 다릅니다.

저는 그러한 순간을 우주에게 선물받는 시간이라고 표현합니다. 선물받는 순간에 느껴지는 공통점은 나의 부재입니다. 나는 사라지고 대상만이 남습니다. 대상만이 온 우주에 하나 가득 찹니다.

붉은 노을, 갑자기 들려오는 새소리, 햇살에 반짝이던 나뭇잎, 문득 눈에 들어오던 하늘, 풀풀 날리던 첫눈 같은 꽃잎들에 마음을 빼앗겨 오로지 대상만이 존재했던 순간, 나는 사라지고 그 대상만이 우주에 가득 찹니다. 시간도 공간도 그대로 정지한 순간입니다.

숨 쉼도 멈춘 그 순간이 지나면, 다시 사물은 움직이고 소리가 들리며 나는 숨을 쉬기 시작합니다. 그 찰나, 내가 사라지는 그 순간이 지나고 나면, 세상의 모든 것은 더욱 선명하게, 그리고 순수하게 드러납니다.

어쩌면 그 순간, 나는 사라지는 것이 아니라 그 대상과 하나가 되었다고 할 수 있겠지요.

때로는 그 순간에서 벗어나면서, 전혀 의도하지 않고 기대하지 않았던 돌발 상황에 빠지기도 합니다. 슬프지도 않은데 걷잡을 수 없이 눈물이 흐릅니다. 자신이 왜 우는지도 모르게 그저 폭포

수처럼 눈물이 흘러넘칩니다. 내게 어떻게 이런 눈물이 남아 있을까 싶을 정도로 그저 하염없이 울 수 있습니다.

마치 어린 시절로 돌아간 것처럼 어깨를 들썩이며 콧물을 훌쩍이며, 꺽꺽 거리며 울기도 합니다. 후두둑후두둑, 그저 굵은 눈물방울이 소리 없이 떨어져 내릴 수도 있습니다. 온몸을 덜덜 떨며 울기도 합니다. 사람에 따라, 상황에 따라서 나타나는 현상은 다를 수 있습니다.

때로는 걷잡을 수 없이 웃음이 폭발합니다. 자신을 제어할 수 없을 정도로 웃음이 터져 나옵니다. 내가 미치지 않았나 싶을 정도로 폭소가 터집니다. 참으려 애쓰면 애쓸수록 웃음이 터져 나옵니다. 평생 웃을 웃음을 한 번에 다 웃어 버리기라도 할 것처럼 내 의지를 비웃듯 웃음은 계속됩니다. 너무 웃어서 배와 허리가 아프고 숨이 턱에 차 헉헉대면서도 웃습니다. 우스워서 웃는 것이 아닙니다. 왜 웃는지 모르면서 그저 웃는 것입니다.

광풍 같은 시간이 지나면 고요한 평화가 찾아옵니다. 모든 사물과 사람, 상황을 그저 그대로 바라보게 됩니다. 내 가치관에 근거해 가늠하던 판단 분별을 내려놓고 있는 그대로 보게 됩니다. 내가 보고 싶은 시각대로 보는 것이 아닌, 그것 자체로 보게 됩니다. 모든 것은 그 자체로 완벽합니다.

# 내려놓음

　　명상은 마음을 비우고 내려놓는 것이라 합니다. 그런 의미에서 보자면 저는 명상하기에 적합한 유전인자를 지니고 태어났다고 볼 수 있습니다. 태어나고 자라난 환경이 지금의 명상하는 제 자신을 만드는 최적의 조건이었습니다. 돌이켜 보면 감사하고 또 감사할 일이 매우 많습니다.

　　저의 아버지는 취미로 서예를 하셨습니다. 어릴 적 아버지 방에 들어가면 은은히 풍기는 묵향이 참 좋았던 기억이 납니다. 약간 곰팡이 냄새 같기도 한 묵향은 그 방에 있는 사람을 평안한 상태로 이끌어 주곤 했습니다. 아버지가 글 쓰시던 것을 도와드리다가 방을 나서면 제 몸에도 먹의 향기가 배어 있었습니다.

　　아버지는 가끔 제게 먹을 갈라고 하셨습니다. 먹 가는 일은 형제 중에 저에게만 주어졌습니다. 사실 제가 먹을 잘 갈아서 전담한 것이 아니라, 언니와 오빠는 먹 가는 것을 내켜 하지 않았기에 제가 맡게 된 것이지요.

저는 단정히 무릎을 꿇고 앉아서 먹이 고르게 갈리도록 정신을 집중하는 그 시간이 참 좋았습니다. 처음에는 사각사각하던 먹의 끝 날이 곧 물과 어우러지면서 부드럽게 점도를 높여 가 점차 묵직하게 갈리는 것을 눈과 손끝으로, 코와 온 마음으로 느끼곤 했습니다. 돌이켜 보니 그 시간이 명상 시간이었습니다.

아버지 방에는 화선지에 쓴 글씨를 건조시키기 위해 벽에 못을 박아 두었습니다. 그 못에는 집게가 달려 있어서 완성된 글이 아직 족자가 되지 않은 상태로 걸려 있곤 했지요. 화선지가 걸려 있는 옆쪽으로는 또 다른 못들이 쭉 박혀 있었고 그 못 하나하나에는 검은 고무줄이 달려 있었습니다.

각각의 고무줄 끝에는 라이터, 볼펜, 도장 등 생활에 필요한 물건들이 매달려 있었습니다. 물건을 고무줄에 매달아 둔 이유는, 물건을 쓰고 나서 어디에 두었는지 기억이 나지 않아서 다음에 쓸 때는 도무지 찾을 수 없었기 때문입니다. 아버지만 그런 것이 아니라, 엄마도 나도, 온 집안 식구 전부가 어딘가에 물건을 두고 찾지 못했습니다. 나중에 잘 찾으려고 잘 정리해 두면 더더욱 찾지 못했습니다. 그래서 물건 하나를 찾으려고 하면, 온 식구들이 이구동성으로 "어디에 잘 놔두었는데…." 하면서 온 집 안을 다 뒤집었습니다. 이런 일이 반복되다 보니, 아버지의 지혜로 이런 진풍경이 연출된 것입니다.

아버지가 도장을 찍기 위해 검은 고무줄을 당기고, 도장을 찍고 도장을 허공에서 그냥 놓아 버리면 그 도장이 제자리로 돌아가던 모습이 지금도 선명합니다.

저희 집은 늘 무언가를 찾는 것으로 하루가 시작되고 하루가 저물었습니다. 심지어 무언가를 찾다가 무엇을 찾고 있었는지를 잊어버리는 사태도 일어나곤 했지요. 그러면 옆에 있던 가족에게 물었습니다.

"내가 지금 뭘 찾고 있었지?"

이것이 제가 명상할 수 있는 유전인자를 타고났다고 말하는 이유입니다. 우리는 이미 비우려고 수행할 것도 없이 비우고 잊어버리는 것이 생활화되고 있었거든요.

어머니는 제가 외출할 때 항상 말씀했습니다.

"가방을 목에 걸고 다녀라. 절대 내려놓으면 안 돼."라고요.

저는 어머니가 말씀하는 대로 가방을 목에 걸고 팔만 한쪽으로 빼는 방식으로 다녔지요. 우리 가족은 명절이나 가족 모임 때 만나면 서로의 건망증에 관한 이야기로 대화를 이어 갔습니다. 평생 그렇게 살아왔지만 어쩜 그리도 다양한 해프닝이 일어나는지 서로의 경험을 들으며 동질감을 느껴 깔깔거리곤 합니다.

제 언니나 동생도 그놈의 건망증, 정말 만만치 않았습니다. 언니는 차에 가방을 두고 내리기 일쑤고, 해외여행이라도 갈라치면 종종 여권을 분실하는 언니 때문에 형부의 고생이 이만저만이 아니었습니다. 건망증만이 아니라 사람의 얼굴과 이름도 잘 기억하지 못해서 사회생활을 하기도 참으로 버거운 듯했습니다.

동생이 군대에 있을 때, 형부가 면회를 간 적이 있다고 합니다. 마침 동생이 보초를 서고 있기에 반가운 마음으로 다가갔더니, 동생이 형부를 보면서 머리를 갸우뚱하더랍니다. 그러고는 이렇게 말했다지요.

"어디서 많이 뵌 듯한 분인데요…."라고요. 형부는 그때 얼마나 기가 막혔는지 아냐며 이십 년이 지난 지금까지도 그 이야기를 종종 합니다. 이야기 끝에는 항상 도리질을 치며 "세상에 도대체 이해가 안 가는 가족"이라는 후렴을 잊지 않지요.

저는 감동을 참 잘 받습니다. 아름다운 정경을 보면 그야말로 어린아이처럼 활짝 웃으며 손바닥을 칩니다. "어머, 정말 멋져. 세상에 이런 곳이 있구나!"라고 감탄사를 연발하지요. 그러면 옆에 있는 누군가가 말합니다.

"여기 지난번에도 왔거든! 그리고 지난번에도 똑같이 감동했어!" 그러면 나는 겸연쩍은 미소로 "아, 그랬구나!" 하지요. 제게는 매 순간 치매 증상이 찾아옵니다. 그러나 그래서 더 큰 기쁨을 느낍니다. 세상일 식상한 적이 없는 것이지요.

제가 소장한 책은 제법 많습니다. 거실 삼면을 책으로 채우고, 제 방 삼면도 책으로 채우고도 모자라 바닥에도, 창고에도 책이 쌓여 있으니까요. 그런데 책을 읽고 내용을 잊어버립니다. 밑줄까지 그으며 읽고 서점에 가서 같은 책을 발견하면 "어머, 좋은 책이 나왔네!" 라고 반가운 마음에 또 사 들고 와서는 열심히 밑줄을 그으며 읽습니다. 한 구절 한 구절 감동하면서 말이지요. 나중에 보면 같은 책이 두 권씩 있는 것을 발견합니다. 물론 다 밑줄이 그어져 있지요.

아마 여성분들이라면 한두 번씩 경험했으리라고 생각합니다. 목적지 반대편으로 가는 전철을 타거나, 내려야 하는 정류장을 지나가서 내린 적이요. 냉장고에 무언가를 꺼내려다가 무엇을 꺼내려고 했는지 생각이 잘 나지 않아서 문을 열고 잠시 망연자실 서 있었던 기억이 있으리라고 생각합니다. 간혹 심각하게 이러다 치매에 걸리는 것은 아닌지 혼자 걱정하기도 하지요.

    하지만 희망을 가지세요. 저 같은 중증의 건망증도 좋아질 수 있으니까요. 지금은 제가 꽤 많이 똑똑해졌거든요. 바로 향기명상 덕분입니다.

 # 용서

　　누구나 살면서 상처 입고 또 상처를 주며 살아갑니다. 삶이란 그런 일도 저런 일도 있는 거라고, 이미 지나간 일이라고 스스로를 다독이고 잊어보려고 하지만, 마음먹은 대로 되지 않습니다. 아무리 애써도 그 일 하나만은, 그 사람 한 사람만은 용서할 수 없습니다. 노력할수록 더욱 힘듭니다.

　　분노를 마음에 품고 있으면 독소가 분비됩니다. 분노한 사람의 입김을 쥐에게 투입하자 쥐가 죽고 말았다는 실험 결과도 있습니다.

　　숨 한 번에 그 정도로 위협적인 치사량의 독이 들어 있다면 긴 시간 그 상태로 지내고 있는 당신의 몸과 마음은 어떤 상태일지 생각해 보기 바랍니다.

용서는 상대를 위해 하는 것이 아닙니다. 용서는 바로 나 자신을 위해 하는 것입니다. 우리가 누군가를 용서하기로 마음먹는다면 우리가 지닌 주파수는 올라갑니다. 사랑, 자비, 기쁨 같은 감정이 빚어내는 에너지는 파동이 높습니다.

단지 분노나 시기와 같은 저주파 에너지를 바꾸겠다는 마음을 먹는 것만으로도 이미 우리의 소립자들은 자신의 진동 상태를 바꾸기 시작합니다. 몸이 질병 모드에서 건강 모드로 바뀌는 것입니다.

명상을 해서 내려놓고, 버리고, 비운다는 의미는 그저 생각하지 않는 것이 아닙니다. 생각을 하지 않는다고 생각나지 않는 것은 아닙니다. 방어기제를 발동시켜 분노가 표면 의식에서 자취를 감추었어도 마음속 깊은 곳인 심층 의식에 자리하고 있습니다.

다시 표현하면 세포 하나하나마다 그 기억은 각인되어 있습니다. 두렵고 싫지만 분노와 마주해야 합니다. 그리고 인정해야 합니다. 자신의 미움과 분노를 인정하고 용서하는 작업을 하는 것입니다. 미움과 분노가 자리했던 상처 난 곳을 따뜻한 사랑의 에너지로 채우고 치유해야 합니다.

먼저 그 사람을 미워한 자신을 용서합니다. 그다음에 그 사람이 당신에게 한 행위를 용서합니다. 그 사람의 사랑을 받아들이지 못한 것에 대해 용서를 구합니다. 마음속으로 먼저 용서합니다.

자신이 생기면 이번에는 실제로 그 사람을 찾아가서 당신이 느낀 것을 말하고 용서를 구합니다. 상세히 이야기할 필요는 없습니다. 그저 내가 당신을 미워했다고 말하고 용서를 구하면 됩니다. 만약에 상대방이 이미 세상을 떠난 후라면 마음으로 합니다.

용서를 구할 때, 상대방의 반응에 기대하지 않습니다. 만약에 상대방의 긍정적인 반응이나 극적인 상황을 기대한다면, 그 기대에 반하는 상대방의 반응에 따라 또다시 새로운 분노가 생겨날지도 모릅니다. 상대와 관계없이 그저 당신의 마음만을 전하면 됩니다. 마음을 표현해야 마음의 감옥에서 벗어날 수 있습니다. 결과에 대해서는 염려하지 않습니다.

마음에 미움과 분노가 있으면 평화는 찾아오지 않습니다. 알게 모르게 몸에도 문제가 생깁니다. 마음의 독소가 몸의 독소를 만들어 냅니다. 결국 영혼이 지칩니다. 몸과 마음, 영혼은 모두 하나이기 때문입니다.

내 삶에서 일어나는 모든 일에 대한 책임은 나에게 있습니다. 기억하지 못했던 이 삶에서의 순간이나 어쩌면 지나간 삶에서 뿌려 놓았던 씨앗의 발아 결과일지도 모릅니다. 그것은 우리의 기억 여부와는 관계없습니다.

미움과 분노를 품게 한 원인이 자신에게 있다고 생각합니다. 나로 인해 일어난 일이니 먼저 나 자신을 용서하세요.

더 깊은 향기 여행

마음의 상처를 치유하고 영혼에 자유를 주는 힐링 향기명상
*첨부된 CD를 들으며 더 깊은 향기 여행을 떠나 보세요.

에너지 충전 펜넬

새롭게 에너지를 충전시키는 향기가 있습니다. 바로 펜넬입니다.
펜넬은 우울증이나 스트레스를 해소하고 의욕을 증진시키는 향기입니다.
정신을 맑게 하면서 심리적으로도 강한 에너지를 부여합니다. 내키지 않으면서도 지속하고 있는 인간관계나, 끊어야겠다고 생각하면서도 벗어나지 못하는 중독적인 습관에서도 자유로워질 수 있도록 도와주는 향기입니다.
있는 그대로의 자신을 받아들이고 용기를 주는 향기인 펜넬 세 방울을 아로마램프에 떨어뜨립니다.

깊게 호흡합니다.
들이쉬는 숨과 함께 코끝으로 전해지는 향기를 느낍니다.
내쉬는 숨과 함께 코끝의 따뜻함을 느낍니다.
들숨…
날숨…
떠오르는 대상 모두에게 사랑을 보냅니다.
떠오르는 대상 모두에게 감사를 보냅니다.
떠오르는 대상 모두에게 축복을 보냅니다.
들숨…
날숨…
나는 평화롭습니다.
들숨…
날숨…
나는 자유롭습니다.

마음 내려놓음 샌달우드

시비와 분별하는 마음을 내려놓게 해 주는 고대 인도에서부터 사용되었던 마법의 향기를 소개합니다. 부처님의 다비식 때에도 사용했던 샌달우드는 인도 사원인 아쉬람을 가득 채우는 향기입니다.
샌달우드 세 방울을 아로마램프에 떨굽니다. 편안한 자세로 앉아 깊게 호흡을 합니다.

향기가 내 코를 통해 온몸에 퍼지는 것을 상상합니다.

일주일 동안 마음이나 말로 시비분별하고 비난한 사람을 떠올려 보십시오.
또한, 내게 충고를 한 사람이나 싫은 느낌을 준 사람을 떠올려 봅니다.
그 사람과 만나는 기억 속으로 돌아가 그때의 느낌을 다시 한 번 상기합니다.
그들에게 어떻게 했어야 했는지 마음으로 그려 봅니다.
그리고 다음과 같이 마음속으로 말합니다.

나는 당신을 있는 그대로 인정합니다.
나는 당신을 있는 그대로 수용합니다.
나는 당신을 있는 그대로 사랑합니다.
고요하고 부드럽게 호흡을 합니다.
당신과 그에게 미소를 보냅니다.

마음의 문 열기 사이프러스

닫힌 마음 문을 열어 주는 향기 사이프러스를 소개합니다.
사이프러스는 진정 작용이 있어서 과도한 흥분을 진정시킵니다.

과거에 입은 상처 때문에 마음의 문을 닫고 사는 사람들에게 남아 있는 마음의 장애를 풀어 주는 역할을 합니다. 상큼한 나무 향기는 피톤치드가 많이 함유돼 있고, 수분이 과다하게 상실되는 것을 막아 주어 피부 노화를 지연하기도 합니다. 캐리어오일에 섞어서 마사지를 하거나, 소금이나 꿀에 섞어 입욕할 때 사용합니다.

욕조에 따뜻한 물을 받고, 소금에 사이프러스 다섯 방울을 섞어서 떨굽니다.
발부터 천천히 몸을 담그도록 합니다.
천천히 목까지 몸이 잠기게 하고 깊이 숨을 들이마십니다.

사이프러스 향기가 피부 속으로, 콧속으로 들어오는 것을 느낍니다.
그저 편안히, 지금 이 순간을 느낍니다.
따뜻이 퍼지는 물의 온기와 사이프러스의 향기를 느낍니다.
떠오르는 사람들…
떠오르는 장면들…
모두에게 사랑을 보냅니다.
깊이 숨을 들이쉽니다.
깊이 숨을 내쉽니다.
바르게 앉아 척추를 폅니다.
다시 한 번 깊이
들숨…
날숨…
내 온몸이 향기로 가득 차는 것을 느낍니다.
지금 이 순간, 나는 사랑입니다.

우울증과 초조감 치유 버가못

버가못은 우울증과 초조감에서 벗어나게 하는 향기입니다.
손수건이나 티슈에 버가못에센셜오일 세 방울을 떨굽니다.

누군가를 만나야 해서 긴장되거나 마음이 안정되지 않을 때는 그저 손수건을 코에 대고 향기를 맡습니다. 눈을 감고 그저 향기만을 맡습니다. 코로 깊게 들이쉬고 입으로 한숨처럼 숨을 내쉬어 보십시오.

들숨…
버가못의 상큼한 향기가 온몸에 가득합니다.
날숨…
내 안에 근거 없는 근심이나 불안함이 날숨과 함께 배출됩니다.

들숨에
괜찮아
날숨에
괜찮아
들숨에
모두 괜찮아
날숨에
나도 괜찮아
어느새 버가못 향기로 마음이 밝아졌음을 알게 됩니다.

슬픔 회복 주니퍼베리

슬픔에서 벗어날 수 있는 향기는 주니퍼베리입니다. 무언가 슬픈 일이 있거나 너무 울어 눈물이 말라 버렸을 때, 주니퍼베리 향기를 사용해 봅니다. 주니퍼베리는 사랑하는 사람과의 이별이나 깊은 슬픔에서 회복될 수 있도록 도와주는 힘이 있습니다. 슬픔은 당신이 지금 분기점에 서 있다는 것을 나타냅니다.

주니퍼베리의 힘으로 슬픔에서 벗어나 새로운 곳으로 여행을 떠나 보세요. 새로운 길을 걷는 동안 새로운 만남, 새로운 기쁨이 당신 곁으로 다가올 것입니다. 주니퍼베리는 '정화'하는 향기입니다. 새로운 탄생을 믿고 미지의 세계로 여행을 떠나는 당신에게 주니퍼베리는 용기와 생명력을 부여해 줄 것입니다.

샤워를 할 때 물줄기가 떨어지는 지점에 주니퍼베리 다섯 방울을 떨어뜨립니다. 샤워 물줄기를 얼굴로 머리로 몸으로 받으면서 향기를 흡입합니다. 물줄기를 얼굴에 받으며 말을 합니다.

나는 나다.
나는 행복하다.
나는 나인 것이 좋다.
나는 나를 사랑한다.
나는 내 인생을 사랑한다.
나는 나다.
나는 나다.
주니퍼베리 향기와 함께 슬픈 마음이 슬며시 사라집니다.
주니퍼베리 향기와 함께 새로운 힘이 솟구칠 것입니다.
당신은
당신입니다.

후회와 죄책감 치유 페퍼민트

페퍼민트는 후회하는 감정을 없애 줍니다.
페퍼민트 두 방울을 아로마램프에 떨구어 발향을 합니다. 페퍼민트는 각성 작용으로 무기력증에 효과가 있으며 놀랍도록 상쾌한 느낌을 줍니다. 페퍼민트는 우울증과 비관하는 마음을 없애 주고 후회의 감정이나 지나친 죄책감에서 벗어날 수 있게 도와줍니다.

고요히 호흡합니다.
외부로 향하는 원망이나 분노의 마음을 잠시 내려놓고 나 자신에게 시선을 돌리도록 합니다. 몸과 마음이 충분히 이완될 때까지 들숨과 날숨을 고요히, 느리고 깊게 쉬어 봅니다.
온몸의 긴장을 풉니다.
지금 이 순간부터 시작해 조금씩 시간을 거슬러 올라가 봅니다.

1년 전을 떠올려 봅니다.
1년 전에 나는 무엇을 했는지 기억해 봅니다.
10년 전을 떠올려 봅니다.
10년 전, 나는 몇 살이었습니까?
그때 나는 어떤 모습이었습니까?
그때를 회상합니다.
20년 전을 떠올려 봅니다.
20년 전, 나는 몇 살이었습니까?

그때 나는 어떤 모습이었습니까?
그때를 회상합니다.
생각이 떠오르는 지점까지 거슬러 올라가는 시간 여행을 해 봅니다.

시간 여행의 어느 지점에서든 무언가 느껴지는 것이 있으면 자신을 억제하지 말고 느껴지는 느낌을 그대로 느껴 봅니다. 이 명상을 반복하다 보면 어느 순간, 무언가 알아지는 것이 있습니다.

부수적인 효과는 그 과거의 상황에 얽힌 감정의 농도가 희석됩니다.
첫 번째의 시간 여행에서는 당시의 분노와 절망 그리고 수치심 등 여러 감정이 그대로 체험이 되어 복받쳐 올라옵니다.
그러나 두 번, 세 번, 반복하다 보면 그 사건, 그 상황은 그대로이나 동반하는 감정은 담담해집니다. 마치 영화필름을 바라보듯 그 장면을 바라보는 자신을 느낄 수 있습니다. 주시자이고 관찰자의 입장으로 바뀌는 것입니다. 그때 비로소 알게 됩니다.

왜 자신이 이 길을 택했고 이 체험을 하게 되었는지를, 그리고 앞으로 자신이 어떤 길을 선택해야 하는지를 선명하게 알게 됩니다.
명상 속에서 떠오르는 내 삶에서 다가왔던 모두에게 감사하다고 말해 봅니다.
수고하셨다고 말해 봅니다.
그리고 나 자신에게도 말합니다.
고맙다고….
수고했다고….

분노 잠재우기 스위트오렌지

스위트오렌지는 마음의 위로를 주고 이완을 유도하는 향기입니다.
감정이 메말라 갈 때, 정서를 회복하는 향기이기도 합니다.
스위트오렌지를 손수건이나 티슈에 떨구어
휴대하고 다니며 맡으면 효과적입니다.
언제 어디에서나 원할 때 맡도록 하십시오.

스위트오렌지 세 방울과 캐리어오일 10밀리리터를 준비하세요.
이 향기들을 섞어서 가슴의 흉선에 발라 줍니다.

부드럽게 흉선을 중심으로 마사지를 하며 나의 몸을 느껴 봅니다.
분노와 슬픔은 바로 가슴에 쌓이게 됩니다. 먹먹하게 그리고 아릿하게…
슬픔은 몸 안에서 자신을 나타냅니다.
답답함으로, 통증으로…,

부드럽게 흉선을 중심으로 둥글게, 둥글게 원을 그려 봅니다.
눈을 감고 오늘 내 안의 분노가 어떤 것이 있는지 살펴봅니다.
어떤 상황에서 그 분노가 모습을 드러내는지 표출된 그 분노를
나는 어떻게 갈무리하고 있는지 떠올려 봅니다.

깊이, 코로 숨을 들이쉬고
깊이, 입으로 한숨처럼 숨을 내쉽니다.
스위트오렌지의 달콤한 향기가 내 안에 가득합니다.

혹여 오늘 나의 분노가
누군가를 상처 입히는 칼날로 사용되지 않았는지도 헤아립니다.
분노가 생겨난 근원지도 함께 살펴
사랑과 이해의 빛을 보내도록 합니다.
스위트오렌지로 평화로운 하루가 되시기를 바랍니다.

긴장 완화 제라늄

제라늄은 장미를 연상시키는 향기입니다.
제라늄은 긴장감을 풀어 주고 불안감과 초조감을 달래 줍니다. 생리 전 증후군, 조울증, 산후 우울증, 갱년기의 증상에도 도움을 줍니다. 이뇨 작용이 있어서 노폐물과 독소 배출도 도와주는 고맙고 사랑스러운 향기입니다.
제라늄 에센셜오일을 아로마램프에 두세 방울 떨구거나, 입욕할 때 소금 한 줌에 다섯 방울 떨구어 사용해도 좋습니다.

제라늄 에센셜오일을 아로마램프에 떨굽니다.
자리에 편안히 앉거나 누워서 향기를 맡습니다.
향기를 맡으며 빛을 연상해 봅니다.
어떤 빛깔이 떠오르나요?
떠오르는 그 빛이 머리부터 온몸을 감싼다고 생각합니다.
나는 지금 빛에 감싸여 있습니다.
아름다운 그 빛을 몸 안으로 들이마신다고 생각합니다.
향기와 함께 빛이 코로 들어옵니다.

내쉽니다.
향기와 함께 빛이 가슴으로 들어옵니다.
내쉽니다.
향기와 함께 빛이 배로 들어옵니다.
내쉽니다.
향기와 함께 빛이 손으로 들어옵니다.
내쉽니다.
향기와 함께 빛이 발로 들어옵니다.
내쉽니다.
온몸이 향기와 빛으로 가득합니다.
온몸과 마음이 평화롭습니다.
나는 지금 오직 사랑입니다.

활력 부여 레몬

하루의 일탈! 어떠신지요?
하루의 일탈을 결정한 당신에게 레몬 향기를 권해 드립니다. 레몬은 우울하고 지치고 무력한 감정 속에 있던, 일상에 지친 당신에게 새로운 활력을 부여할 것입니다. 처졌던 어깨가 펴지고 자신감이 생기며 용기를 갖고 전진할 수 있게 됩니다.

레몬 다섯 방울, 에탄올 5밀리리터, 생수 45밀리리터를 넣어 잘 섞은 후, 스프레이 병에 넣습니다. 외출 전 이 레몬 스프레이를 공기 중에 분사하고 그 흩어지는 레몬 안개 속에 들어가 심호흡을 하면 향기로운 향기샤워를 할 수 있습니다. 가지고 있는 소지품에 레몬 향기 샤워를 시켜 줍니다. 당신이 움직일 때마다 상큼한 레몬 향기가 함께합니다.

어디를 가든 누구를 만나든 자신 있게 미소 지으십시오.
어디를 가든 누구를 만나든 마음으로 사랑한다고 말해 봅니다.
어디를 가든 누구를 만나든 마음으로 행복하라고 말해 봅니다.
어디를 가든 누구를 만나든 마음으로 진정 감사하다고 말해 봅니다.
당신이 어디를 가든 누구를 만나든
자연이
사람이
당신에게
생동하는 에너지를 보내올 것입니다.
미소를 보내 봅니다.
나 자신에게도 미소를 보냅니다.

사랑의 호르몬 자스민+일랑일랑

부부학교의 몸공부, 마음공부 시간에 터치를 위해 사용되는 향기가 있습니다. 향기를 맡기만 해도 사랑의 호르몬이 분비되기 시작하는 마법의 향기는 바로 자스민과 일랑일랑입니다. 이 두 가지의 향기는 사랑의 기분을 고취시키는 최적의 향기입니다.

편안한 스킨십을 위한 마법의 향기 레시피입니다.
자스민 세 방울, 일랑일랑 세 방울, 캐리어오일 10밀리리터를 섞습니다.

방 안에 편안한 침구를 펴 놓습니다. 티라이트 초를 피워서 방의 밝기를 조절합니다. 춥거나 덥지 않게 온도를 맞추어 둡니다. 전화는 잠시 꺼 둡니다. 섞은 오일을 옆에 두고 서로의 몸을 마사지합니다.

먼저 심장에서 가장 먼 발끝부터 시작합니다.
오일을 부드럽게 발 전체에 발라 줍니다.
발가락 하나하나 아주 부드럽게 만져 줍니다.
발바닥과 뒤꿈치, 복숭아뼈를 부드럽게 만져 줍니다.
종아리, 무릎, 허벅지로 쓸어 올라갑니다.
서혜부, 배꼽 주변, 배 전체를 시계 방향으로 쓸어 줍니다.
흉선, 가슴, 쇄골, 어깨 전체를 부드럽게 쓸어 줍니다.

손을 부드럽게 만져 줍니다.
손가락, 손바닥, 손목을 정성껏 어루만집니다.
목, 얼굴, 귀를 쓰다듬습니다.
머리를 어루만집니다.
사랑을 담아 보듬어 줍니다.
서로 번갈아 가며 어루만져 줍니다.
사랑의 마음을 담아, 경외하는 마음을 담아 정성껏 어루만집니다.

사랑의 향기가 온몸과 마음을 감싸는 것을 느껴 봅니다.
서로가 세상에서 가장 소중한 존재임을 느껴 봅니다.
아득히 긴 시간, 먼 곳을 돌아 이제 만났음을 기억합니다.
남은 길을 함께 가야 할 영혼의 동반자임을 기억합니다.
어쩌면 잊었을지도 모를 영혼의 약속들을 기억해 봅니다.
사랑합니다.
사랑합니다.

자기 사랑 회복 클라리세이지

자신을 사랑하게 만드는 향기로 클라리세이지를 권합니다.
클라리세이지 세 방울을 아로마램프에 떨굽니다.
티라이트 초를 켭니다.
클라리세이지는 자기부정의 감정을 녹여내는 아주 탁월한 향기입니다. 이 향기를 티슈에 떨구어 심호흡을 하며 맡으면 어느새 자신감이 생기고 우울한 기분이 사라지는 것을 느낄 수 있습니다. 또한, 클라리세이지는 생리통이라든가 여러 여성 질환에도 좋은 향기입니다.

자기부정의 감정을 녹여 보세요.
우리는 누구보다, 무엇보다 자신에게 인색합니다.
자신을 칭찬하지 않고, 늘 부족한 점만 지적합니다.
실수한 것을 반추하고 자책합니다.
나는 늘 주눅이 들고 외롭습니다.
눈을 감고 자신에게 이야기를 걸어 봅니다.

아무개야, 이 세상에 태어나 주어서 정말 고마워.
지금까지 잘 살아 줘서 정말 고마워.
슬픈 일도 힘든 일도 잘 참고 견뎌 줘서 정말 고마워.
그동안 너무너무 힘들었지. 미안해.
정말 미안해.
참으라고만 해서 미안해.
열심히 하라고만 해서 미안해.
질책해서 미안해.
그런데 괜찮아질 거야.
이제부터는 모든 게 잘될 거니까 염려하지 말자.
모두모두 잘될 테니 두려워하지 말자.

사랑해.

사랑해.
사랑해.

자신을 두 팔로 안고 쓰다듬으며 부드럽게 이야기합니다.
어느덧 눈물이 흐르고 자신이 정화되어 가는 것을 느낄 수 있을 것입니다.
따스한 사랑의 향기에 감싸인 자신을 느끼면 이내 평화로워집니다.

이 순간 나는 평화입니다.
이 순간 나는 사랑입니다.

나는 나인 것이 행복합니다.

놓아 버림 마조람

하나의 사랑이 떠난 후, 외롭고 힘들 때는 욕조에 따뜻한 물을 받고 마법의 향기를 넣어서 목욕을 해 보세요.

고대 그리스, 로마, 이집트인들은 마조람을 정신적 평화를 주는 행복의 식물로 여겼다고 합니다. 묘지 주변에도 이 식물을 심었는데 이유는, 마조람이 영혼을 평안하게 해 준다고 믿었기 때문입니다.
마조람은 사랑의 신, 풍요의 신인 아프로디테와 깊은 관련이 있습니다. 무엇보다 마조람을 캐리어오일과 섞어서 몸에 바르고 자면 꿈속에서 미래의 배우자를 만날 수 있다고 합니다.

마조람은 신경계를 진정시키는 효과가 있어 불안과 스트레스를 완화합니다. 슬픔, 외로움 등 사랑의 상처로 고통받는 사람들을 치유하는 작용을 합니다.

마조람으로 새로운 사랑을 맞이할 마음의 준비를 하시기 바랍니다.

마조람 네 방울을 와인이나 꿀, 우유 등에 섞은 후 욕조 물에 풀어 주세요. 마조람의 달콤한 향기가 마음을 진정시키고 깊은 슬픔을 치유할 것입니다. 그러면 우울했던 기분이 사라지며 자신을 더 사랑할 수 있게 될 것입니다.
그다음 나를 만족시키는 향초 휴식 시간을 갖습니다.
향기가 나지 않는 초 한 자루 준비하고 불을 붙입니다. 초가 녹아서 어느 정도 액체 상태가 되면 불을 끄고 녹아 있는 초 부분에 마조람 네 방울을 떨굽니다. 다시 불을 붙이면 좋은 향기가 방 안 전체에 퍼집니다. 부드러운 향기와 빛 속에서 자신을 가득 채워 가는 감각을 즐길 수 있을 것입니다.

향기를 맡으며 깊은 명상에 빠져 봅니다.
이제껏 만났던 사람들의 얼굴을 떠올려 봅니다.
떠오르는 한 사람 한 사람에게 사랑과 감사를 보냅니다.
그 사람과 함께 있었던 순간들이 은혜였음을 받아들입니다.

상처도, 미움도, 다 은혜로움이었음을 인정합니다.

그 사람의 앞날을 축복합니다.
그 사람이 행복하기를 기도합니다.
그 사람으로 인해 내가 성장했음에 감사합니다.

향기를 맡으며 깊이 심호흡을 합니다.
이제 다가올 사람을 위해, 나 자신을 비워 둡니다.

깨끗이 몸과 마음을 정화합니다.

나를 비우고 그를 맞이할 공간을 마련합니다.
잡다한 감정을 비우는 공간만큼
만나기로 한 그 사람은 내 가슴 가득 들어설 것입니다.
그 사람을 위해 이제는 슬픔도, 염려도, 분노도, 후회도 다 비워 놓습니다.

부정 에너지 배출 유칼립투스

목의 차크라를 활성화시키는 향기는 유칼립투스입니다. 유칼립투스는 자신이 정말 말하고 싶은 속내와 반대되는 말을 하거나 행동을 할 때, 자신이 정말로 원하는 것이 무엇인지 알고 결정할 수 있게 도와줍니다.
유칼립투스 향기를 맡으며, 자신에게 "이대로 살아도 좋은 것인지? 무슨 말을 하고 싶은 것이고, 무엇을 하고 싶은지?"를 물어보십시오.

유칼립투스를 티슈에 떨구어 휴대하거나 휴대용 아로마오일통(인헤일러)에 넣고 다니면서 언제 어디서나 맡습니다.

아로마램프에 물을 넣고 유칼립투스 에센셜오일 네 방울을 떨굽니다. 티라이트 초에 불을 붙입니다. 편안한 자세로 앉아서 눈을 감습니다. 숨을 깊이 들이마셨다가 내쉽니다. 유칼립투스 향기가 코로 깊숙이 들어오는 것을 느껴 보십시오.
목을 뒤로 젖히며 목을 막고 있는 부정적인 에너지가 검은 덩어리가 되어 목에서 빠져나가는 것을 상상합니다. 숨을 깊이 들이마셨다가 내쉽니다. 유칼립투스 향기가 코로 깊숙이 들어오는 것을 느낍니다.
다시 한 번 뭉글뭉글 목에서 목을 막고 있던 부정적인 에너지가 빠져나가는 것을 느껴 봅니다.
검은 덩어리가 되어 뭉글뭉글 빠져 나갑니다. 숨을 거듭 들이쉬고 내쉴 때마다 독소가 빠져나간다고 생각합니다. 다 빠져나갔다고 생각이 되면 푸른 바다나 푸른 하늘과 같은 푸른빛이 목을 가득 채우고 그 빛이 또 몸을 가득 채우는 것을 상상합니다.

나는 푸른 바다입니다.
나는 푸른 하늘입니다.
나는 푸른빛 그 자체입니다.

목에 불편함이 느껴질 때마다 반복해서 명상하도록 합니다.

생명력 파인

우리는 언제나 누군가에게 힘이 되기를 소망합니다.
지금 무기력하신가요? 아무 의욕도 없으신지요?

마법의 향기 파인을 손수건이나 티슈에 두 방울 떨굽니다. 소맷부리나 옷깃 안쪽에 살짝 떨구어도 좋습니다.

파인은 고대 아랍 문명과 이집트, 그리스 문명에서도 소중히 여겼던 향기입니다. 재생과 생명력을 의미하기도 하는 이 향기는 잃어버렸던 용기를 되찾게 해 줄 것입니다.

파인 향기를 맡고 몸을 일으켜 활기차게 밖으로 나가 봅니다.
눈에 뜨이는 누군가에게 인사를 보내십시오.
식물이나 동물, 또는 거리의 건물이나 도로를 바라보며 미소를 지어 봅니다.
우리는 존재하는 것만으로도 이미 다른 이들에게 도움을 줍니다.
마치 나무와 사람과의 호흡 관계처럼 말이지요.
당신이 이 세상에 있으므로 세상은 좀 더 아름답고 풍요롭습니다.
당신의 마음 향기를 나누어 주기 바랍니다.
들숨…
날숨…
숨을 쉬는 동안 마음이 안정되고 평화로워지는 것을 느낄 수 있습니다.
지금 이 순간은 무한한 창조의 시간입니다.
원하는 미래를 마음속으로 그려 봅니다.
영상으로 떠올려 봅니다.
이루어진 그 상태를 그대로 느껴 봅니다.
그 성취감, 행복감을 온몸과 마음으로 느낍니다.
입가에 행복한 미소를 지으며 감사하도록 합니다.

자신감과 용기 바질

아름다운 욕망을 이루기 위한 향기로 바질을 추천합니다.
바질은 전진하는 용기와 리더십을 상징하는 향기입니다.
향기를 맡고 있다 보면 슬며시 자신감이 생기고 용기가 납니다.

향기를 맡으며 진정 지금 내가 욕망하는 것은 무엇인지,
그 욕망을 이루는데 걸림돌로 작용하는
나의 고정관념은 무엇인지 명상해 보기 바랍니다.

바질 향기로 누구에게나 사랑받고 신뢰받는 빛나는 자신이 되어 보세요.

바질 두 방울, 페퍼민트 두 방울, 에탄올 5밀리리터, 생수 45밀리리터를 섞습니다. 위의 레시피를 스프레이 병에 넣어 공기 중에 분무합니다.
바질 향기는 면역력을 높이고, 알레르기와 스트레스 해소에 도움을 줍니다.
분무기로 손목, 귓불 뒤쪽, 목, 머리, 온몸에 뿌려 줍니다.
주위에도 뿌려서 정화시킵니다.

깊이 코로 향기를 들이마십니다. 다시 깊게 입으로 숨을 내뱉습니다.

내가 꿈꾸는 미래의 모습을 상상합니다.
그 모습이 생생하게 각인되도록 그 모습을 그대로 느낍니다.
그때의 환희, 떨림, 감동과 지금 이 순간을 그대로 느껴 봅니다.

상상하는 것은 그대로 나의 현실로 다가옵니다.
거듭거듭 반복해서 그 느낌을 느낍니다.
그 행복감을 느낍니다.

비움 그레이프후르츠

자신이 주는 메시지를 잘 듣기 위한 향기로 그레이프후르츠를 추천합니다. 그레이프후르츠는 '비움'을 의미하는 향기입니다. 최근에는 다이어트에 효과가 있는 것으로 밝혀져 주목받고 있습니다.

새로운 것을 원한다면 오래된 것을 버려야 합니다.
비우지 않으면 원하는 것은 아무리 기다려도 손에 넣을 수 없습니다.
그레이프후르츠가 가진 비움의 힘을 빌어 지금 당신에게 필요 없는 과거를 완전히 떠나보내도록 합니다.

마음에 응어리진 문제만이 아니라 몸에 정체되어 있는 잉여 지방까지 배출하는 바디오일을 만들어 봅니다.
캐리어오일 10밀리리터에 그레이프후르츠 여섯 방울을 섞어서 허벅지나 팔뚝, 복부 등 신경이 쓰이는 부분을 마사지합니다. 특히 목욕할 때 사용하면 좋습니다. 스트레스를 받지 않는 다이어트를 실현해 주는 향기입니다.

눈을 감고 명상을 합니다. 깊고 고요하게 호흡합니다.
나의 모습을 떠올립니다.
나의 이름을 떠올립니다.

그동안 쉬고 싶을 때 쉬지 않았던 것을 사과합니다.
하고 싶은 것을 하지 못하게 한 것을 사과합니다.
울고 싶을 때 울지 못하게 한 것을 사과합니다.

먹고 싶은 것, 먹고 싶은 때에 먹을 수 없게 막았던 것을 사과합니다.
자신을 사랑하지 않았던 것을 사과합니다.
나 자신을 자랑스러워하지 않았던 것을 사과합니다.
나 자신을 비난했던 것을 사과합니다.
나 자신에게 참으라고만 했던 것을 사과합니다.

상대방과 나 자신을 용서하지 않았던 것을 사과합니다.

있는 그대로 나를 사랑합니다.
있는 그대로 나를 인정합니다.
있는 그대로 나에게 감사합니다.
그동안 나를 바꾸려고 애썼던 마음을 내려놓습니다.
강제했던 마음을 내려놓으면 평화가 옵니다.
있는 그대로의 나를 받아들입니다.

깊이 그레이프후르츠의 향기를 호흡합니다.
향기로 내가 맑아지는 것을 느낍니다.
향기로 내가 비워지는 것을 느낍니다.
호흡을 할수록 나는 더욱 맑아지고 나를 더욱 비울 수 있습니다.
들숨…
날숨…
들숨…
날숨…

사랑과 행복 로즈

미국의 로버트 베커 박사는 "인체도 전기 주파수를 방출하며 이 주파수에 따라 건강을 특정할 수 있다."라고 했고, 로얄라이프 박사 역시 "각 질병도 고유의 주파수를 지니고 있으며 이 주파수로 병을 예방할 수 있다."라고 했습니다. 이들은 부정적인 생각을 하면 몸의 주파수가 10메가헤르츠(MHz) 떨어지고, 긍정적인 생각을 하면 주파수를 10~15메가헤르츠 올릴 수 있다고 합니다.

지금 이 순간 내가 어떤 감정을 버리고 어떤 감정을 소중히 해야 하는가를 스스로 배우고 체험해야 합니다.

모든 것은 빛과 마찬가지로 특정한 주파수를 가지고 있으며 각각 에너지 장을 형성합니다. 이 에너지 장들은 어느 것이나 소리, 색, 향기 등의 다른 에너지와 공명하며 우리의 감각에 영향을 미칩니다.
우리의 감각 중에 특히 후각 신경은 향기의 분자구조를 나타내는 전기 임펄스를 운반하여 그것을 특정 주파수로 바꾸어 뇌에 전달합니다.

향기는 대뇌변연계에 전달된 후, 호르몬과 면역계, 내분비샘, 신경 시스템에 직접적인 영향을 미치며 몸과 마음에 신비한 힘을 발휘합니다. 식물에서 향기를 추출하여 보관한 에센셜오일은 알려진 자연 성분 중에 최고의 주파수를 가지고 있습니다.
에센셜오일의 자연 성분 진동수는 52메가헤르츠에서 320메가헤르츠에 이릅니다. 모든 향기 중에서 가장 주파수가 높은 에센셜오일은 로즈입니다. 바로 320메가헤르츠입니다.

낮아진 몸의 진동을 최적의 상태로 올릴 수 있는 사랑과 행복의 향기 로즈. 그래서 로즈는 꽃 중의 꽃, 꽃의 여왕이라 불리는 것이겠지요. 여성 질환을 치유하고 노폐물을 배출해 얼굴의 미백 효과까지 있는 로즈는 마음의 깊은 슬픔도 치유해 줍니다.

사랑으로 상처받은 가슴을 달래 주기도 하는 로즈는 폭군 네로가 광적으로 사랑했던 향기이기도 합니다.

로즈는 원액을 사용하면 강하므로 일반적으로 3퍼센트 희석한 제품을 사용합니다.

캐리어오일 10밀리리터에 로즈 세 방울을 섞습니다. 그다음에 손목이나 귓불, 가슴 가운데 흉선 쪽에 바르고 깊이 호흡을 하면 사랑의 기운이 자신뿐만 아니라 주위로 확산되어 나가는 것을 느낄 수 있습니다.
또는 스위트아몬드오일이나 올리브오일 20밀리리터에 로즈 다섯 방울을 섞어서 복부를 시계 가는 방향으로 마사지해 주면 변비를 해소하고 냉증에 도움을 줄 수 있습니다.

로즈오일을 가슴에 바른 후, 깊이 숨을 들이쉬고 내쉬어 봅니다.
눈을 감고 분홍빛 장미를 연상합니다.
분홍빛 장미가 내 가슴에서 피어나는 것을 상상합니다.
숨을 들이쉼에 따라 분홍빛 장미는 탐스럽게 활짝 피어납니다.
숨을 내쉼에 따라 분홍빛 장미의 사랑스러운 향기가
온몸을 감싸고 우주로 퍼져 갑니다.

부드럽게 호흡하며 분홍빛 장미가 피어나는 가슴을 느껴 봅니다.
숨을 들이쉬고 내쉼에 따라 장미는 온몸을 덮고 나는 장미와 하나가 됩니다.
나는 장미이며 장미는 나입니다.
가슴, 머리, 몸 전체가 로즈 향기로 가득하며
사랑과 행복으로 평화로워집니다.
나의 숨으로 사랑과 행복과 평화가 세상으로 퍼져 나갑니다.

눈을 감고 천천히 고요하게 심호흡을 합니다.
깊이 호흡하며 내가 이 세상에 온 이유가 무엇인지 생각합니다.

귀하고 아름다운 향기를 맡는 동안
무엇인가 마음에 와 닿는 것이 있을 것입니다.

그 무엇인가를 마음에 그리며 깊이 호흡합니다.

자스민 향기가 온몸을 돌고 있는 것을 느껴 봅니다.
고요히 향기를 들이마시고 다시 고요히 내쉽니다.
들숨에
나는 행복합니다.
날숨에
나는 아름답습니다.

이렇게 숨을 들이쉬고 내쉬다 보면 어느덧 숨도 사라지고, 향도 사라지고,
나도 사라집니다.
고요한 시간을 보낸 다음 눈을 떠 봅니다.
어느덧 자신을 비하하는 부정적인 기분이 사라지고 스스로를 사랑하는 마음
이 생겼음을 알게 됩니다.

이 순간 나는 우주와 하나입니다.

신뢰 로즈우드

로즈우드는 달콤한 꽃향과 나무향이 섞인 향기로 몸과 마음에 활력을 부여합니다. 로즈우드 에센셜오일 세 방울을 아로마램프에 발향하고 깊이 숨을 들이쉽니다.

들숨에 이렇게 말합니다.
"내가 나인 것이 그저 사랑스럽습니다."

깊게 내쉬면서 이렇게 말합니다.
"내가 나인 것이 그저 감사합니다."

깊이 숨을 들이마시면서, 내가 나인 것이 그저 행복합니다.
깊이 숨을 내쉬면서, 나는 나를 신뢰합니다.
깊이 숨을 들이마시면서, 나는 나를 사랑합니다.
깊이 숨을 내쉬면서, 모든 것에 감사합니다.

내가 수정하고 고쳐야 할 것은 없습니다. 그것은 나 자신에게도 적용됩니다. 이렇게 당신 자신에 대해 사랑과 신뢰를 회복해 보십시오. 이제껏 당신은 자신을 찾아 헤매었습니다.
진정한 자신을 찾아 무언가를 배워 보기도 하고 여행을 떠나기도 하고 책을 읽기도 했습니다. 그러나 우리가 찾아다녔던 진정한 나는 바로 자신 안에 있습니다. 로즈우드는 진정한 나는 내 안에 있다는 것을 알게 해 주는 향기입니다.

깊이 숨을 쉽니다.

나는 순수의식입니다.
나는 바로 나입니다.

맑아지는 기운 로즈마리

작은 화분으로도 살 수 있는 로즈마리는 신비한 효능을 지니고 있습니다. 로즈마리는 두뇌의 기억력과 집중력, 판단력을 높여 줍니다. 두피 세포 재생력에도 효능이 뛰어나 샴푸에 한 방울씩 떨구어 쓰셔도 좋습니다. 손수건이나 티슈에 몇 방울씩 떨구어 휴대하고 다니며 수시로 향기를 맡는 것도 추천합니다.

아로마램프에 로즈마리 세 방울 떨굽니다.
눈을 감고, 고요하고 깊게 숨을 쉽니다. 로즈마리 향기를 맡으며 연녹색의 로즈마리 잎을 떠올립니다. 연녹색의 솔잎 같은 로즈마리가 가득한 풀밭을 연상합니다. 그곳에 앉아 있는 자신을 상상합니다. 멀리 지평선은 푸른 하늘과 맞닿아 있고 흰 구름이 떠다닙니다.

미풍에 로즈마리 향기가 내 안에 가득해지는 것을 느낍니다.
바람이 뺨을 스치고 머리카락을 스치는 것을 느낍니다.
로즈마리 향기로 머리가 맑아집니다. 로즈마리 향기로 가슴이 맑아집니다.
연녹색 로즈마리 빛깔로 내 온몸이 물들어 갑니다.
나 또한 로즈마리가 되어 미풍에 흔들립니다

나는 이 순간 행복합니다.
나는 이 순간 평화롭습니다.

용서 라벤더

용서하기를 도와주는 향기인 라벤더를 소개합니다.

라벤더는 자비의 향기라고도 말합니다.
가슴속 미움과 분노의 응어리를 녹여 주는 라벤더는 중추신경계를 안정시키고, 세로토닌을 분비해 우울증을 회복하게 돕습니다. 쇼크나 어지럼증, 불면에도 효과적인 라벤더는 몸과 마음의 여러 증상에 도움을 주는 사랑이 가득 담긴 향기입니다.
마음의 깊은 상처를 치유하는 프랑킨센스와 함께 사용하면 시너지 효과를 얻을 수 있습니다.

라벤더 두 방울과 프랑킨센스 두 방울을 섞습니다.
이것을 아로마램프에 떨굽니다.
자리에 앉아 깊고 부드러운 호흡을 합니다.
호흡을 할 때마다 향기가 내 온몸을 돌고 세포 구석구석을 어루만진다고 상상합니다.

상상으로 내 앞에 방석을 하나 가져다 놓습니다.
마음으로 내게 아픔을 주었던 대상을 불러옵니다.
이미 이 세상을 떠난 분이어도 괜찮습니다.
그분을 방석 위에 앉게 합니다.
그분에게 당신의 마음을 말합니다.
당신이 얼마나 아파했고 힘들어했는지 말합니다.
그리고 그분께 다음과 같이 말합니다.

나는 나 자신을 용서합니다.
나는 당신을 용서합니다.
나는 나와 당신을 용서합니다.
이제 그분을 포옹합니다.
그분도 많이 힘들었을 것입니다.
내 삶에 다가와 준 그분께 감사하고 그분을 고이 보내 드립니다.
깊고 부드럽게 호흡을 합니다.
향기가 내 온몸을 돌아 나가는 것을 느껴 봅니다.

숨을 들이 쉬며
사랑…
숨을 내쉬며
평화…
내 온몸과 마음이 사랑과 평화의 향기로 가득합니다.

명상과 기도 프랑킨센스

프랑킨센스는 한번 맡으면 쉽게 잊혀지지 않는 그윽한 수목향입니다. 유럽의 성당이나 사원에서 맡을 수 있는 프랑킨센스는 '명상의 향기', '신의 향기'라고 일컬어지기도 합니다.

불안, 긴장을 해소하고 호흡을 느끼게 하며 마음을 편안하게 합니다. 과거의 분노, 강박관념에 사로잡힌 사람에게 안정과 평안을 가져다줍니다.

사랑스러운 향기 프랑킨센스를 이마와 오목가슴에 바르고 잠시 명상합니다.
숨을 깊이 들이쉬고 내쉬며 몸의 긴장을 풉니다.
내 지나온 시간을 테마별로 떠올리는 과거 테마 여행을 떠나 봅니다.
먼저 슬픔의 테마를 정해 봅니다. 언제 슬펐었나…. 어쩌면 굵직한 큰 사건이 아니라 생각지도 않은 작고 소소한 기억이 떠오를지도 모릅니다. 그 속으로 들어가 슬픔을 느껴 봅니다.
충분히 슬픔을 느끼고 나면 그 슬픔으로부터 떨어져 나올 수 있습니다.

다시 이 순간으로 돌아와 그 기억을 미소로 바라봅니다.
이렇게 테마별로 하나하나 들어가 봅니다.

기뻤던 순간들…
외로웠던 순간들…
두려웠던 순간들…
절망했던 순간들…
감사했던 순간들…
내 삶에 다가왔던 모든 것들에 미소를 보내 봅니다.
나 자신에게도 미소를 보냅니다.

들숨…
날숨…
들숨의 소리
날숨의 소리

길게,
짧게.

어느덧 내 온몸은 프랑킨센스 향기로 가득합니다.

향기에 젖은 숨을
한 번은 코로
한 번은 목으로
한 번은 가슴으로
한 번은 배로
한 번은 손으로
내보냅니다.

깊이 숨을 들이쉬고 내쉽니다.

프랑킨센스의 사랑스러운 향기가 자신을 회복시키고 활력을 줍니다.
자신을 있는 그대로 받아들이고 사랑할 수 있는 용기가 생깁니다.

꽃은 져도 향기를 남긴다

초판 1쇄 펴낸 날 2013년 12월 24일

지은이　　김윤탁
펴낸이　　장영재
책임편집　유석천
편　집　　강동준, 홍지회
디자인　　서영미, 윤혜림
마케팅　　추미경
경영지원　홍은경, 임해랑
물류지원　신석재, 김혜정

펴낸곳　　(주)미르북컴퍼니
전　화　　02)3141-4421
팩　스　　02)3141-4428
등　록　　2012년 3월 16일(제313-2012-81호)
주　소　　서울시 마포구 연남동 239-18번지 2층 (우 121-865)
E-mail　　sanhonjinju@naver.com
카　페　　cafe.naver.com/mirbookcompany
ISBN 978-89-98244-35-4 (03810)

- (주)미르북컴퍼니는 독자 여러분의 의견에 항상 귀 기울이고 있습니다.
- 파본은 책을 구입하신 서점에서 교환해 드립니다.
- 책값은 뒤표지에 있습니다.